TOUTES LES SAUCES

Gilbert WENZLER

Photos : S.A.E.P. / C. DUMOULIN / J.L. SYREN
Coordination de l'ouvrage : E. ZIPPER

Dormonval

Signification des symboles accompagnant les recettes

Recette		Recette		Recette	
✕	élémentaire	○	peu coûteuse	◡	chaude
✕✕	facile	○○	raisonnable	✱	froide
✕✕✕	difficile	○○○	chère	⚡	express
				▲	diététique

Ce livre s'adresse à tous les passionnés de cuisine, aux gourmets, aux poètes culinaires.

Un bon saucier est un chimiste éclairé, un génie créateur, la pierre angulaire de la cuisine.

Les grandes bases classiques de ce livre sont puisées à pleines louches dans la grande marmite du savoir de nos ancêtres. L'art de la cuisine, et des sauces en particulier, exige une somme de connaissances que peu de professions savantes atteignent.

Cet ouvrage est le fruit d'une longue expérience culinaire. Nous partons du principe que maintes formules de l'ancienne école sont passées de modes, trop coûteuses et trop longues de réalisation. Nous vous proposons donc de nouvelles formules en conservant les recettes traditionnelles qui ont fait le prestige de la cuisine française.

La gastronomie est notre patrimoine, conservons-le et faisons de la bonne et vraie cuisine, bannissons les mauvais produits. Voyez un peu l'état des sauces vendues toutes prêtes. La béchamel a le même goût de Lille à Marseille.

Les recettes sont simples, leur préparation clairement expliquée pour permettre à tous, débutant ou cordon-bleu de réussir l'élaboration d'une sauce.

LES USTENSILES INDISPENSABLES

LE TAMIS : utile dans de nombreuses préparations, il permet de passer les purées de légumes, les beurres composés etc.

LA COCOTTE : en fonte épaisse, elle est très utile pour colorer les os au four et supporte très bien la haute température. Elle vous sera utile pour la préparation des fonds de base. Colorez les os dans le four avec ce type de cocotte et prévoyez un torchon bien épais pour la manipulation.

LE MORTIER : indispensable pour broyer des carapaces, on l'utilise aussi pour monter la sauce aïoli.

LA BALANCE : toujours indispensable dans une cuisine.

LA BRAISIERE : utile pour préparer une grande quantité de fond de base comme l'espagnole ou la demi-glace.

LE FOUET : indispensable dans la plupart des recettes, il faut choisir la bonne taille, principalement pour réaliser un sabayon.

LE ZESTEUR : il permet d'obtenir directement une fine julienne d'agrumes. On peut également retirer le zeste à l'aide d'un couteau économe et tailler ces lanières en julienne avec un couteau.

LE CHINOIS ET LA PASSETTE : pour passer les sauces afin de retenir les impuretés.

LA SPATULE EN BOIS : indispensable et utile dans bien des cas.

LE MIXER : très utile pour réaliser une sauce à base de carapaces de crustacés.

LES MESURES : un verre gradué fera l'affaire pour la précision de la recette.

LA MARYSE : pour ne pas laisser la moitié des ingrédients et le fruit de votre talent au fond du récipient.

LES LOUCHES ET ECUMOIRES : utiles pour la préparation et le service des sauces.

A LIRE AVANT DE REALISER VOS SAUCES

• **Prévoir** : pour les grandes sauces de base comme l'espagnole, le fond blanc de veau, de volaille, le fumet de poisson, la sauce tomate, nous vous suggérons d'en préparer une certaine quantité à l'avance et d'en congeler une partie en petites portions pour en avoir constamment à la portée de la main. Il n'est pas nécessaire de les laisser dégeler doucement avant de les utiliser comme l'on fait pour une viande ou un poisson ; on peut les mettre directement dans une casserole, à feu vif.

Si vous congelez de la glace de viande, il vous sera possible de la verser dans des bacs à glaçons.

• **Dégraisser** : préparer les fonds et les sauces comme indiqué dans les recettes. Les laisser refroidir et les mettre au réfrigérateur. A la surface de la sauce se forme une pellicule de graisse que l'on retire sans peine le lendemain. La sauce sera parfaitement dégraissée.

• **Assaisonnement** : il est important de ne saler aucun fond de base qui sera peut être réduit ultérieurement. Préférez toujours saler après cuisson sauf indication contraire (vinaigrette-mayonnaise). Pour assaisonner, utiliser toujours du poivre moulu frais, c'est tellement meilleur.

Les oignons et les échalotes ne se hachent jamais à l'aide d'une machine (ils deviennent amers) mais toujours avec un bon couteau tranchant.

• **Réserver au chaud** : si certaines sauces, notamment les sauces blanches, doivent attendre, il conviendra de les tenir au chaud au bain-marie et de beurrer le dessus. En règle général, de nombreuses sauces supportent l'attente au bain-marie exception faite de celles liées au sang, à base de jaunes d'œufs, les sauces montées au beurre, en un mot de toutes les sauces qui risquent de se décomposer.

• **Réchauffer** : les sauces à base de jaunes d'œufs ne se réchauffent pas (sabayon, hollandaise). Il faut prévoir la quantité exacte et l'utiliser entièrement.

Eviter le four à micro-ondes pour réchauffer. La plupart des sauces s'y décomposent, principalement les sauces crème.

• **Fumet express** : si vous vous trouvez à court de fumet de poisson pour la réalisation de votre sauce, faites cuire votre poisson au court-bouillon puis récupérer ce fond pour confectionner votre sauce. Le poisson lui aura communiqué son parfum. Passer au chinois, faire réduire un peu pour concentrer les arômes. Utiliser aussi à chaque fois que vous le pourrez, les jus de coquillages (huîtres, moules etc.) pour renforcer la sauce.

• **Carapaces** : pour certaines recettes, il est nécessaire de mixer les carapaces des crustacés (écrevisses, homards, langoustes, etc.). Prenez quelques précautions pour éviter de vous brûler. Mettez-en peu à la fois dans le mixer et faites l'opération en plusieurs fois. Le fait de mixer les carapaces est important, il permet de concentrer les sucs au maximum. Passer ensuite la sauce au chinois en pressant fortement pour récupérer le maximum de fond.

• **Couleur** : pour colorer au four, il est préférable, pour obtenir une bonne couleur, de rôtir les os, carcasses, parures dans un four chaud et dans une cocotte en fonte épaisse ou dans une braisière.

Pour améliorer la couleur, les professionnels coupent des oignons en deux dans l'épaisseur sans les éplucher et les font noircir sur une plaque de cuisson. Dans le commerce vous trouverez aussi de l'arôme patrelle qui est un colorant noir naturel à base de sucre brulé et d'oignon noirci et qui remplace le précédent procédé. Si vous utilisez cet arôme, il faut savoir que quelques gouttes suffisent.

• **Allégé** : si vous souhaitez réaliser des coulis et sauces sucrées moins riches en calories, utilisez les mêmes recettes et remplacez le sucre par la moitié des proportions en fructose : 80 g de sucre seront remplacés par 40 g de fructose.

• **Jus minute** : pour réaliser un jus minute, dégraisser la poêle de cuisson en réservant la viande sur une assiette couverte d'une feuille de papier aluminium. Déglacer ou non avec un alcool (porto, cognac) ajouter 2 dl de liquide (eau, fumet, fond, sauce espagnole, etc.). Laisser réduire jusqu'à la bonne consistance. Assaisonner et passer au chinois.

Souvenez-vous qu'il est important de dégraisser une plaque de rôti ou une poêle où l'on a cuit une viande avant d'y ajouter le liquide de déglaçage qui pourra être un vin, un coulis, un jus de légume, etc. Les sucs de viande accrochés dans le fond de la poêle transmettront leur saveur et leur couleur à la sauce. Il convient de les racler à l'aide d'une spatule pour bien les détacher et les diluer dans la sauce.

• **Cuisson** : pour que les sucs de viande attachent dans le fond de la poêle de cuisson ou de la sauteuse, il convient de faire chauffer fortement celle-ci avec un peu d'huile (celle-ci doit fumer un peu). Déposer la viande, la laisser ainsi 10 secondes puis la tourner sur l'autre face avec précaution. Ajouter à ce moment-là une noix de beurre et terminer la cuisson de la viande à feu plus doux. Ce conseil est surtout valable pour les escalopes de veau qui ont tendance à bouillir. Choisir la taille de la poêle en fonction du nombre de morceaux de viande à cuire ou bien faire l'opération en plusieurs fois. Cuire trop de viande dans une petite poêle ne donne pas de bon résultat.

UN DERNIER MOT SUR LES SAUCES

Les sauces sont à la cuisine
ce que les couleurs
sont à un tableau de maître.

L'auteur a voulu réunir un certain nombre de recettes qu'il s'est efforcé de rédiger de façon claire et précise. Il s'est attaché à donner de véritables formules scientifiques qui permettront de refaire parfaitement les recettes décrites sans grandes connaissances culinaires.

Pour faire de la bonne cuisine, il est important d'avoir de bons produits. Pour avoir de bonnes sauces bien savoureuses, il est important d'utiliser en mouillement des jus bien aromatisés, du bon vin et des spiritueux d'une qualité convenable.

Pour faire de la cuisine fine, beaucoup de personnes ont besoin de livres de recettes précis. C'est ce que nous avons fait afin que chacun puisse refaire une recette testée par un professionnel de la cuisine qui aime son métier et dont la vocation première est précisément la réalisation des sauces.

La gourmandise est louable, attention de ne pas tomber dans l'excès.

RECETTES

LES BASES

Court-bouillon pour crustacés

Pour 1 l environ.
Prép. : 10 mn.
Cuisson : 20 mn.

1 l d'eau
1/4 l de vin blanc
5 cl de vinaigre
1 oignon émincé
1 carotte émincée
1 clou de girofle
1 feuille de laurier
10 grains de poivre
1 bouquet de persil
1 cuil. à soupe rase de cumin
1 bouquet de persil
1 branche de thym
1 branche de céleri
1 pincée de gros sel.

Réunir tous les ingrédients dans une casserole et cuire pendant 20 minutes.

Court-bouillon pour poissons

Pour 1 l environ.
Prép. : 10 mn.
Cuisson : 20 mn.

1 l d'eau
2 dl de vin blanc
1 carotte émincée
1 oignon émincé
1 feuille de laurier
1 clou de girofle
1 branche de persil
1 branche de céleri
10 grains de poivre
Gros sel de mer.

Réunir tous les ingrédients dans une casserole, cuire 20 minutes.

Pour un poisson blanc, ajouter 2 dl de lait.

Coulis de crustacé

Pour 1,5 l environ.
Prép. : 15 mn.
Cuisson : 35 mn.

1 kg de crustacés (étrilles, écrevisses, araignées de mer, langoustes, etc.)
2 carottes
1 gros oignon
2 gousses d'ail
5 cl d'huile
2 cuil. à soupe de concentré de tomate
1 bouquet de persil
1 feuille de laurier
1 clou de girofle
1 dl de cognac
1 branche de thym
2 l d'eau ou fumet
10 grains de poivre
Sel, poivre.

Emincer les carottes, l'oignon et l'ail épluchés.

Faire revenir les crustacés à l'huile dans un sautoir très chaud ; ajouter oignon, carottes, ail en cours de cuisson. Lorsque les crustacés sont bien rouges, les flamber au cognac puis ajouter la tomate concentrée. Remuer pour bien mélanger les ingrédients, ajouter la garniture aromatique et l'eau. Cuire à très petit feu pendant 30 minutes. Mixer l'ensemble et passer au chinois. Réduire ensuite le bouillon à la bonne consistance et assaisonner.

L'assaisonnement doit être un peu relevé.

Fumet de poisson

Pour 2 l environ.
Prép. : 10 mn.
Cuisson : 20 à 30 mn.

800 g de parures de poisson
1 clou de girofle
1 feuille de laurier
1 branche de thym
1 branche de persil
1 branche de céleri
10 grains de poivre
1 vert de poireau
50 g de beurre
2 dl de vin blanc ou de vin rouge selon la recette.

Faire revenir au beurre les arêtes et parures de poisson pendant 5 minutes

Ajouter le vin et la garniture aromatique.

Couvrir d'eau et cuire 20 à 30 minutes. Passer le fumet au chinois.

Réserver.

Employer de préférence des arêtes et des parures de sole et de turbot. Utiliser également un jus de cuisson de coquillages tels que moules ou huîtres qui sont très parfumés. Il est prudent de ne pas trop le réduire, celui-ci étant naturellement salé.

Nous vous conseillons de prévoir une quantité suffisante de fumet afin de pouvoir en congeler une partie. On peut réduire le fumet à glace (jusqu'à la consistance sirupeuse), il tiendra moins de place dans le congélateur (vous pourrez le congeler dans un bac à glaçons).

Au moment de l'utiliser à nouveau, rajouter un peu d'eau.

Il est également intéressant d'utiliser le fond de cuisson du poisson que l'on prépare (par exemple des filets de soles braisés au vin blanc).

Essence de poisson

Pour 1,5 l environ.
Prép. : 30 mn.
Cuisson : 10 mn.

2 l de fumet de poisson (p. 16)
800 g de parures de poisson
1 clou de girofle
1 feuille de laurier
1 branche de thym
1 branche de persil
1 branche de céleri
10 grains de poivre
1 vert de poireau
50 g de beurre
2 dl de vin blanc ou de vin rouge.

Préparer un fumet de poisson. Mouiller avec les 2 l de fumet.

Cuire 3/4 d'heure et passer au chinois.

Gelée de poisson

Pour 1/2 l environ.
Prép. : 20 mn.
Cuisson : 20 mn.

1/2 l de fumet de poisson (p. 16)
7 feuilles de gélatine.

Mettre les feuilles de gélatine à tremper à l'eau froide.

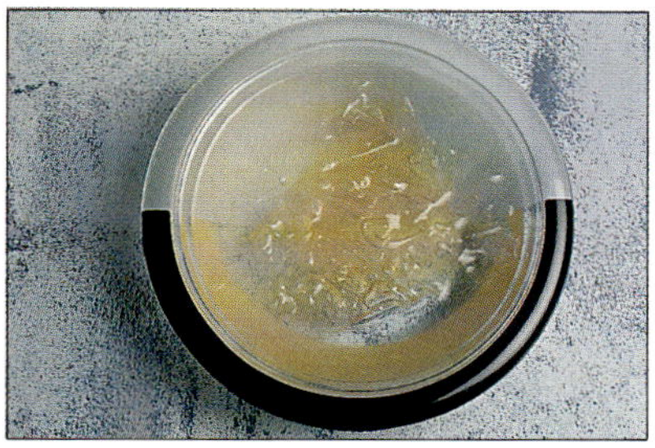

Les égoutter et les ajouter au fumet chaud.

Utiliser lorsque la gelée commence à prendre ou mettre au frais pour une autre utilisation.

Fond blanc de volaille

Pour 2,5 l environ.
Prép. : 20 mn.
Cuisson : 5 h 30 mn.

1 carcasse de volaille + les abattis + 1 jarret de veau
5 l d'eau
20 g de gros sel
2 carottes
2 oignons
1 blanc de poireau
1 branche de céleri
1 clou de girofle
2 feuilles de laurier.

Blanchir les os à l'eau bouillante salée puis les rafraîchir.

Les laver bien proprement, ainsi que la casserole. Remettre les os avec tous les autres ingrédients, cuire en écumant de temps en temps.

Passer au chinois, mettre au frais et dégraisser le lendemain.

Bouillon minute de volaille

Pour 1,5 l environ.
Prép. : 30 mn.
Cuisson : 40 mn.

Les abats de deux volailles (aileron, cou, gésier)
40 g de beurre
1 oignon
1 carotte
1 blanc de poireau
1 gousse d'ail
1 fragment de thym
1 feuille de laurier
1 clou de girofle
1 branche de persil
3 tablettes de bouillon de volaille
2 dl de bon vin blanc.

Colorer au beurre les abats de volaille. Dégraisser.

Ajouter le vin et laisser réduire de moitié. Ajouter 1,5 litre d'eau et tout le reste des ingrédients. Cuire 1/2 heure et passer au chinois.

L'utilisation est la même que le fond blanc de volaille traditionnel. Ne pas saler la cuisson mais après la finition de la sauce à laquelle ce bouillon est destiné.

Jus brun de pigeon, canard, gibier

Pour 1,5 l environ.
Prép. : 15 mn.
Cuisson : 2 h 20 mn.

1 kg de carcasses et de parures (pigeon, canard, gibier)
2 oignons
2 carottes
1 branche de persil
1 branche de céleri
7 baies de genièvre
1 pincée de sauge
2 gousses d'ail écrasées
1 branche de thym
1 clou de girofle
2 feuilles de laurier
4 tomates fraîches coupées en quatre
1/4 l de bon vin blanc
2,5 l d'eau
50 g de beurre.

Colorer au beurre les carcasses. Ajouter les oignons et les carottes, cuire 5 minutes puis dégraisser. Ajouter le vin, réduire de moitié et ajouter tous les autres ingrédients. Cuire à petit feu pendant 2 heures. Passer au chinois, mettre au frais et dégraisser le lendemain.

Ce jus est un fond de base qui va servir à l'élaboration d'autres sauces.

Jus de volaille-crustacé

Pour 1,5 l environ.
Prép. : 15 mn.
Cuisson : 2 h.

1 carcasse de poulet
400 g de carapaces de crustacés
1 carotte
1 oignon
1 feuille de laurier
1 branche de persil
1 branche de céleri
1 clou de girofle
1 brindille de thym
1 gousse d'ail écrasée
3 tomates coupées en quatre
2 dl de vin blanc
3 l d'eau
50 g de beurre
4 cl de cognac
Sel, poivre.

Concasser la carcasse de poulet,

la faire dorer au beurre avec les carapaces de crustacés, l'oignon et la carotte émincés.

Flamber avec le cognac. Ajouter le vin et faire réduire de moitié. Ajouter tous les autres ingrédients et cuire pendant 1 heure. Passer au chinois, il doit rester 1,5 litre de jus. Vérifier l'assaisonnement.

On obtient un très bon résultat avec des écrevisses entières (le coût de revient n'est pas très élevé).

Congeler le surplus du jus non utilisé en petites quantités pour une prochaine recette.

En variante, on peut ajouter de la crème à ce jus et le réduire de nouveau à la bonne consistance. Saler après cuisson.

Pour accompagner un poulet aux écrevisses ou un lapin aux fruits de mer.

Choisir le duo viande-poisson de votre choix.

Fond blanc ordinaire

Pour 3 l environ.
Prép. : 30 mn.
Cuisson : 5 h 30 mn.

1 carcasse de volaille + les abattis + 1 jarret de veau
5 l d'eau
20 g de gros sel
2 carottes
2 oignons
1 blanc de poireau
1 branche de céleri
1 clou de girofle
2 feuilles de laurier.

Blanchir les os à l'eau bouillante salée puis les rafraîchir. Les laver, laver la casserole et y remettre les os avec tous les autres ingrédients. Cuire 5 heures en écumant de temps en temps. Passer ensuite au chinois, mettre au frais, dégraisser le lendemain.

On pourra aussi cuire un morceau d'épaule de veau dans le fond blanc de veau. Récupérer la viande après cuisson, la tailler en dés, ajouter des quenelles et des champignons pour en faire des bouchées à la reine. La sauce se fait précisément à l'aide de ce fond.

Utiliser le jarret pour une autre recette.

Cette recette personnelle n'a rien de classique, mais elle pourra facilement être réalisée pour une cuisine familiale. Elle permet de gagner du temps et de la vaisselle par rapport aux autres recettes classiques.

Fond brun

Pour 3 l environ.
Prép. : 30 mn.
Cuisson : 11 à 12 h.

3 kg d'os de veau et de bœuf
1/2 jarret de bœuf
1 jarret de veau
5 l d'eau
200 g de couenne fraîche blanchie
1/2 crosse de jambon blanchie
2 carottes
2 oignons
1 branche de persil
1 branche de thym
2 feuilles de laurier
1 gousse d'ail
5 cl d'huile.

Désosser les viandes.
Colorer tous les os au four.

Lorsque la couleur est atteinte, ajouter les oignons et les carottes taillés en gros dés.

Remuer, dégraisser, ajouter tous les autres ingrédients. Porter à ébullition puis laisser cuire à très petit feu pendant 6 heures. Ecumer et ajouter un peu d'eau de temps à autre. Passer au chinois.

Tailler la viande des jarrets en gros dés. La colorer au four avec un peu d'huile. Dégraisser et ajouter une louche du précédent fond, réduire à glace.

Recommencer l'opération deux fois. Ajouter le reste de fond. Cuire très doucement à partir de l'ébullition pendant 5 heures. Passer au chinois. Réserver au frais. Dégraisser le lendemain.

Très important : ne pas saler.

Fond brun de veau lié

Pour 1,5 à 2 l.
Prép. : 45 mn.
Cuisson : 5 h.

2 kg d'os de veau
2 cuil. à soupe de concentré de tomate
100 g de farine
1/2 l de bon vin rouge
5 l d'eau
2 oignons
1 carotte
3 feuilles de laurier
2 clous de girofle
1 branche de thym et de céleri
1 branche de persil
15 grains de poivre
1 pincée de romarin
1 pincée de marjolaine en poudre.

Colorer les os au four sans graisse. Dès que la couleur souhaitée est atteinte, ajouter les oignons et la carotte taillés en gros dés. Cuire 5 minutes et saupoudrer les os avec la farine.

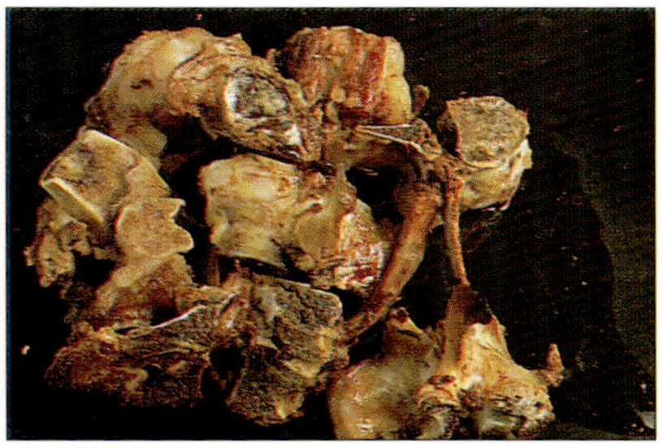

Remettre au four pour faire blondir la farine. Remuer.

Ajouter le concentré de tomate. Remettre au four pour cuire la tomate et lui enlever son goût acide. Ajouter le vin et faire réduire des 3/4.

Ajouter l'eau et le reste des ingrédients. Cuire doucement pendant 4 heures en écumant de temps en temps. Passer au chinois, laisser refroidir. Réserver au frais. Dégraisser le lendemain.

Congeler une partie de la sauce en petites portions. On peut aussi la réduire à glace pour avoir un gain de place.

Jus brun de veau

Pour 2 l environ.
Prép. : 20 mn.
Cuisson : 5 à 6 h.

2 kg de jarret et de morceaux d'épaule de veau désossés
2 kg d'os de veau
5 cl d'huile
5 l d'eau ou fond blanc (p. 20)
2 carottes
2 oignons
1 branche de persil
1 feuille de laurier
1 brindille de thym.

Colorer les os et la viande au four avec l'huile. Lorsque la couleur est atteinte, ajouter les aromates, continuer la cuisson pendant 10 minutes. Ajouter une louche de fond blanc ou d'eau et réduire à glace. Recommencer l'opération encore deux fois puis mouiller avec le reste. Cuire à petit feu pendant 5 à 6 heures. Passer au chinois. Mettre au frais, dégraisser le lendemain.

Préparer une grande quantité d'avance, la congeler en petites portions pour en avoir toujours à la portée de la main. On sort la quantité nécessaire et on la chauffe aussitôt telle quelle.

Jus minute de veau

Pour 2 l environ.
Prép. : 15 mn.
Cuisson : 1 h.

500 g de parures de viande de veau
30 g de beurre
1 dl de bon vin rouge
1 oignon
1 carotte
5 champignons de Paris taillés en quatre
1 branche de persil
1 branche de céleri
1 feuille de laurier
1 clou de girofle
1 brindille de thym
5 grains de poivre
1 cuil. à soupe de concentré de tomate
2 cuil. à soupe de farine
2 l de bouillon de bœuf (en tablette).

Colorer au beurre les parures de veau. Ajouter le concentré de tomate, remuer, laisser brunir légèrement pour retirer le goût acide.

Ajouter la farine, mélanger, ajouter le vin, réduire de 3/4. Ajouter la garniture aromatique et le bouillon. Cuire 3/4 d'heure. Passer au chinois, débarrasser, mettre au frais. Dégraisser après refroidissement.

Les utilisations sont les mêmes que celles du fond brun de veau lié traditionnel beaucoup plus long de préparation et de cuisson.

Ne pas saler la sauce au départ mais toujours après la cuisson.

Jus de veau lié

Pour 1/2 l environ.
Prép. : 25 mn.
Cuisson : 6 h.

2 l de fond brun (p. 20)
15 g d'arrow-root.

Porter le fond à ébullition, le réduire à 1/2 l. Délayer l'arrow-root avec un peu de jus froid et l'ajouter dans le fond à ébullition.

Cuire 1 minute et passer au chinois.

On peut remplacer l'arrow-root par de la fécule.

Fond de gibier

Pour 2 l environ.
Prép. : 15 mn.
Cuisson : 3 h.

3 kg d'os et de parures de gibier
1/2 l de bon vin blanc
1/2 l d'eau
2 carottes
2 oignons
1 brin de sauge
10 baies de genièvre
1 branche de persil
2 feuilles de laurier
1 clou de girofle.

Colorer les os et les parures au four. Déglacer avec le vin et l'eau. Réduire à glace, couvrir d'eau à hauteur,

ajouter les aromates et laisser cuire 3 heures à petit feu en écumant de temps en temps. Passer au chinois. Refroidir, mettre au frais, dégraisser le lendemain.

Les glaces diverses : viande, volaille, gibier, poisson

Pour 4 dl environ.
Prép. : 5 mn.
Cuisson : 3 h.

2 l de fond brun, de fond de gibier, de fond blanc de volaille ou de fumet.

Il s'agit de fonds réduits à la consistance sirupeuse.

On les utilise pour envelopper des mets (on pourra par exemple rouler des pommes de terre dans de la glace de viande).

On les utilise aussi pour corser une sauce.

La glace de viande est obtenue par réduction du fond brun mais on peut aussi utiliser le fond de veau ordinaire.

Pour conserver de la glace de viande, on peut la congeler dans des bacs à glaçons.

Concassée de tomates

Pour 1,2 kg.
Prép. : 20 mn.
Cuisson : 30 mn.

1,5 kg de tomates émondées, épépinées et grossièrement hachées
1 oignon haché
1 gousse d'ail hachée
3 cl d'huile d'olive
Sel, poivre
1 cuil. à café de sucre
1 brindille de thym
1 feuille de laurier.

Faire revenir l'oignon dans l'huile. Ajouter les tomates, l'assaisonnement, les aromates et cuire à petit feu jusqu'à complète évaporation de l'eau.

Retirer le laurier et le thym. Réserver ou utiliser pour la recette prévue.

A la base de nombreuses préparations contenues dans ce livre, la concassée peut simplement accompagner des pâtes.

Beurre clarifié

Pour 4,5 dl.
Prép. : 10 mn.

500 g de beurre.

Faire fondre le beurre tout doucement près d'une source de chaleur. Il va se décomposer en trois parties. Sur le dessus va se former une mousse que l'on retirera à l'aide d'une écumoire ou d'une cuillère. Au centre se trouve le beurre clarifié de belle couleur blonde un peu comme de l'huile d'olive.

A SAVOIR

500 g de beurre donne 12 cl de petit lait et 4,5 dl de beurre clarifié.

Il s'agit de récupérer cette partie du beurre à l'aide d'une louche en prenant garde de bien laisser la troisième partie située dans le fond ; il s'agit du petit lait et de la caséine.

On peut également verser doucement le beurre fondu dans un autre récipient en s'arrêtant avant le dépôt blanchâtre.

Ce beurre à l'avantage de ne pas brûler à la cuisson et d'être plus digeste. C'est la caséine, en plus ou moins grande proportion, qui est nocive et qui fait que le beurre brûle en cuisant seul.

On utilise ce beurre pour toutes sortes de préparations : sabayon, hollandaise, béarnaise. Mais nous vous recommandons de l'utiliser pour cuire les viandes, les légumes, les poissons ou pour confectionner un roux.

Beurre manié

Pour 100 g.
Prép. : 5 mn.

50 g de beurre en pommade
50 g de farine.

Mélanger le beurre et la farine.

On l'utilise pour réaliser des liaisons rapides.

Roux blanc

Pour 100 g.
Prép. : 5 mn.
Cuisson : 5 mn.

50 g de beurre
50 g de farine.

Faire fondre le beurre. Ajouter la farine.

Cuire 4 minutes en remuant.

Retirer du feu, débarrasser dans un petit récipient.

Pour les sauces blanches.

Roux blond

Pour 100 g.
Prép. : 5 mn.
Cuisson : 7 mn.

50 g de beurre
50 g de farine.

Procéder comme pour le roux blanc en laissant cuire 6 minutes. Le roux doit blondir.

Pour les veloutés.

Roux brun

Pour 100 g.
Prép. : 5 mn.
Cuisson : 7 à 8 mn.

50 g de beurre
50 g de farine.

Utiliser si possible du beurre clarifié (p. 24).

Pour les sauces brunes.

LES LIAISONS "DANGEREUSES"

Le beurre frais : dans de nombreuses recettes, nous notons : "monter la sauce au beurre". Pour ce faire, il existe plusieurs procédés. Dans tous les cas le beurre doit être très froid.

Piquez le morceau de beurre dans une fourchette, plantez-le droit dans le liquide et faites-le fondre sur le feu en tournant ; le beurre va épaissir la sauce qui va devenir mousseuse. On peut aussi le couper en parcelles (flocons) et l'ajouter au liquide en remuant à l'aide d'un fouet. On donne à peine un bouillon à la sauce et on la retire du feu pour l'assaisonner et la servir.

Le beurre manié : c'est un mélange de beurre en pommade et d'une quantité de farine équivalente. Il est prudent de prévoir de sortir le beurre du réfrigérateur pour qu'il ramollisse à température ambiante. On peut en préparer une certaine quantité et en conserver un peu au réfrigérateur.

On ajoute la quantité nécessaire dans le liquide bouillant en fouettant.

La crème : facteur de liaison important dans une grande quantité de sauces. Contrairement à certaines idées reçues, elle est portée à ébullition. Il n'y a que la crème allégée qui échappe à cette règle. On l'ajoute en dernier et hors du feu, car elle tourne en cuisant.

La fécule et la crème de riz arrow-root : on y ajoute toujours un liquide froid puis on mélange le tout avec le fond à ébullition.

Les jaunes d'œufs : on les fouette en ajoutant un liquide froid ou tiède. On les verse dans le liquide frémissant, on fait épaissir en remuant sans arrêt à feu doux. La sauce est liée lorsqu'elle nappe la spatule. Retirer la sauce du feu. Vanner celle-ci de temps en temps si elle doit attendre.

La réduction : c'est la plus simple des liaisons. On porte la sauce à ébullition et on la laisse réduire jusqu'à obtenir la bonne consistance. La sauce doit napper la spatule. Il est important ici de rappeler que l'assaisonnement doit se faire en dernier, après la réduction. Pour vous donner une précision : 2 à 2,5 dl de crème liée nécessite l'emploi de 3 dl de crème fraîche.

Les roux : c'est un mélange en quantité égale de beurre fondu et de farine qu'on laisse cuire le temps indiqué dans la recette. Pour la confection d'un roux brun, nous vous conseillons d'utiliser du beurre clarifié.

La liaison d'une sauce dépend aussi de la richesse du fond de base, de la qualité de la farine utilisée et du temps de cuisson. Les recettes ont été réalisées avec de la farine de type 55. Lorsque nous indiquons 20 g de roux, il s'agit de 10 g de beurre et de 10 g de farine, ce qui est assez difficile à réaliser avec précision. Il est préférable d'en prévoir un peu plus pour une prochaine recette et de conserver le reste au réfrigérateur.

Verser le liquide bouillant sur le roux froid. Fouetter et porter à ébullition.

Le sang : il est principalement utilisé pour des recettes de gibier. Il faut ajouter un filet de vinaigre dans le sang de l'animal pour éviter la coagulation. En général, on hache le foie, les poumons, le cœur de l'animal à traiter, on ajoute ce hachis dans le sang et on verse le mélange dans la sauce.

Il faut ensuite faire épaissir la sauce à feu très doux, le sang ne doit pas bouillir car il tournerait. La sauce est cuite lorsque celle-ci nappe la spatule. Passer au chinois et assaisonner. Il n'est souvent pas possible d'avoir le sang de l'animal à traiter, dans ce cas votre boucher vous donnera un peu de sang de porc. Les bonnes proportions pour lier une sauce au sang sont : 1/4 l de fond de cuisson non lié + 7 cl de sang.

Beurre d'ail

Pour 225 g.
Prép. : 15 mn.

100 g d'ail épluché
125 g de beurre
Sel, poivre.

Blanchir l'ail. L'égoutter et le mettre en pommade. Mélanger avec le beurre. Passer au tamis, assaisonner.

Beurre de ciboulette

Pour 200 g.
Prép. : 20 mn.
Cuisson : 1 mn.

1 botte de ciboulette
130 g de beurre
Sel, poivre.

Suer 1 minute dans 50 g de beurre la ciboulette finement tronçonnée. Refroidir, l'incorporer au beurre en pommade. Assaisonner, mettre au frais dans du papier cellophane.

Beurre de crustacés

Pour 220 g.
Prép. : 20 mn.

200 g de carapaces de crustacé cuit
120 g de beurre
Sel, poivre.

Piler des carapaces de crustacé. Les réduire en bouillie et les passer au tamis (on obtient une pâte). Mélanger avec le même poids de beurre, assaisonner, débarrasser au frais.

Beurre d'échalotes

Pour 240 g.
Prép. : 10 mn.
Cuisson : 2 mn.

120 g d'échalotes
120 g de beurre
Sel, poivre.

Blanchir les échalotes hachées. Les égoutter et les réduire en purée. Refroidir, mélanger avec le beurre en pommade, assaisonner et réserver au frais.

Beurre d'escargots

Pour 200 g.
Prép. : 10 mn.

125 g de beurre
15 g de persil haché
2 à 3 gousses d'ail hachées fin
1 échalote hachée
Sel, poivre.

Mélanger tous les ingrédients.

Beurre de fèves

Pour 250 g.
Prép. : 5 mn.

125 g de fèves cuites
125 g de beurre
Sel, poivre.

Mixer les ingrédients. Assaisonner, passer au tamis. Réserver au frais.

Beurre de foie gras

Pour 250 g.
Prép. : 10 mn.

125 g de beurre
125 g de foie gras
Sel, poivre
1 cl de cognac.

Mélanger tous les ingrédients. Passer au tamis et réserver au frais.

Beurre aux fruits secs

Pour 225 g.
Prép. : 10 mn.

125 g de beurre
100 g de fruits secs (amandes, noix, noix de cajou, pistaches, arachides)
Sel, poivre.

Piler les fruits secs avec quelques gouttes d'eau pour obtenir une pâte. Ajouter le beurre et l'assaisonnement.

Passer au tamis.

Beurre de moutarde

Pour 150 g.
Prép. : 10 mn.

125 g de beurre
1 cuil. à soupe de moutarde
Sel, poivre.

Mélanger, assaisonner, débarrasser au frais.

Il existe plus d'une centaine de moutardes différentes vendues en magasin de produits fins.

- *Les beurres composés peuvent s'utiliser en remplacement d'une sauce. Posés sur une viande ou un poisson grillés ou poêlés, ils les parfument à souhait.*
- *On les utilise aussi pour lier ou monter une sauce au beurre et pour y apporter la finesse souhaitée. Nous vous conseillons de respecter les proportions indiquées car certains beurres lient davantage que d'autres.*
- *Ces préparations peuvent se réaliser à l'avance. On les tiendra au frais ou au congélateur emballées dans du papier film en forme de rouleau.*
- *Pour vous faciliter le travail, nous vous conseillons de sortir le beurre du réfrigérateur 1 heure avant la préparation afin que celui-ci se ramollisse.*
- *Les beurres composés se préparent à l'aide d'un mixer ou à défaut à l'aide d'un mortier. Le tamis nous semble être l'outil indispensable pour obtenir la finesse souhaitée.*

Beurre de curry

Pour 300 g environ.
Prép. : 20mn.
Cuisson : 5 mn.

100 g d'oignons
1 dl de vin blanc
250 g de beurre
Sel
Curry.

Emincer finement les oignons et les faire suer quelques minutes avec une noix de beurre. Ajouter le vin, réduire des 2/3, ajouter le curry et mélanger.

Laisser refroidir puis ajouter la préparation au beurre en pommade. Passer au tamis.

Former un rouleau et mettre au frais.

Beurre d'écrevisses

Pour 500 g environ .
Prép. : 40 mn.
Cuisson : 30 mn.

250 g de carapaces d'écrevisse
300 g de beurre
1 carotte
1 oignon
1 dl de vin blanc sec
Fumet de poisson (p. 16)
1 feuille de laurier
1 branche de thym et de céleri
10 grains de poivre
Sel, poivre.

Suer au beurre les carapaces d'écrevisse avec la carotte et l'oignon émincés. Ajouter le vin, réduire d'1/3 et couvrir à hauteur avec du fumet de poisson. Ajouter les aromates. Cuire jusqu'à la glace. Piler l'ensemble au mortier.

Passer au tamis. Laisser refroidir puis ajouter la pommade au beurre ramolli, assaisonner. Mettre au frais en rouleau dans du papier cellophane.

Beurre de légumes

Pour 300 g environ.
Prép. : 10 mn.
Cuisson : 10 mn.

150 g de légumes
150 g de beurre
Sel, poivre.

Cuire 150 g d'un légume au choix.

Le passer dans 25 g de beurre, l'assaisonner, le mettre en purée et le mélanger avec le beurre restant.

Assaisonner, passer au tamis et réserver au frais.

Beurre de Montpellier

Pour 350 g environ.
Prép. : 15 mn.
Cuisson : 5 mn.

50 g de feuilles de cresson, persil, ciboulette, estragon et épinard.
3 échalotes hachées
1 cornichon
1 cuil. à soupe de câpres
1 gousse d'ail hachée
2 filets d'anchois hachés
3 jaunes d'œufs durs
250 g de beurre
Sel, poivre.

Blanchir rapidement toutes les herbes vertes avec les échalotes. Les égoutter, les hacher. Mélanger tous les ingrédients, assaisonner.

Débarrasser au frais.

Beurre de safran

Pour 250 g environ.
Prép. : 15 mn.
Cuisson : 10 mn.

1 dl de fond blanc (p. 20) ou de fumet de poisson (p. 16)
Safran
200 g de beurre
Sel, poivre.

Réduire le fond blanc ou le fumet de poisson à 5 cl avec quelques pistils de safran. Refroidir le mélange puis l'incorporer au beurre en pommade, assaisonner. Réserver au frais.

Beurre de vin

Pour 250 g environ.
Prép. : 15 mn.
Cuisson : 10 mn.

2 dl de bon vin rouge
2 échalotes hachées
125 g de beurre
Sel, poivre.

Réduire de moitié le vin rouge avec les échalotes.

Passer au chinois, laisser refroidir, ajouter au beurre en pommade, assaisonner. Mettre au frais.

Beurre Café de Paris

Pour 400 g environ.
Prép. : 45 mn.

300 g de beurre
1 pincée d'estragon en poudre
1 pincée de thym
1 pincée de romarin
1 pincée de sauge
1 pincée de genièvre en poudre
1 pincée de marjolaine
1 pincée de serpolet
1 pincée de ciboulette hachée
1 pincée de persil haché
1 échalote hachée
1 gousse d'ail hachée
1 cuil. à soupe rase de moutarde
2,5 cl de madère
2,5 cl de cognac
2,5 cl d'huile d'arachide
1 cuil. à café de paprika
1 cuil. à café de curry
1/2 g de safran
Sel, poivre
Quelques gouttes de sauce Worcestershire.

Battre le beurre et l'huile au fouet électrique pendant 1/2 heure pour le rendre très mousseux. Ajouter le cognac, le madère, la moutarde, la sauce Worcestershire, l'ail, l'échalote, le persil, le sel, le poivre, le curry et le paprika.

Mélanger tous les autres ingrédients secs et les moudre dans un moulin à café. Les passer au tamis, les ajouter au beurre.

La préparation est un peu longue, mais le résultat est exceptionnel.

Pour accompagner un steak ou une escalope, ou pour monter une sauce avec ce beurre.

Ail, échalote, persil doivent être hachés très fin.

Eventuellement passer au tamis.

CONSEILS

En fin de confection de ces beurres, nous vous suggérons de mettre la préparation en rouleau dans une feuille de papier cellophane ou de papier film.

Il sera bien emballé au frais et vous pourrez tailler des tranches régulières pour les poser sur une viande ou un poisson grillé.

Beurre marchand de vin

Pour 300 g environ.
Prép. : 20 mn.
Cuisson : 8 mn.

2 échalotes hachées
1 dl de bon vin rouge
1 cuil. à soupe de glace de viande (p. 23)
Le jus d'1/2 citron
1 cuil. à soupe de persil haché
250 g de beurre
Sel, poivre du moulin.

Réduire le vin avec l'échalote. Ajouter la glace de viande et le jus de citron.

Laisser refroidir, passer au chinois. Mélanger avec le reste des ingrédients.

Beurre jaune

Pour 200 g environ.
Prép. : 10 mn.

125 g de beurre en pommade
3 jaunes d'œufs durs
Sel
Tabasco
Quelques gouttes de sauce Worcestershire.

Mélanger tous les ingrédients. Débarrasser au frais.

Beurre à la chivry

Pour 250 g environ.
Prép. : 20 mn.
Cuisson : 4 mn.

100 g de persil, ciboulette, cerfeuil, estragon et pimprenelle
4 échalotes
125 g de beurre
Sel, poivre.

Blanchir 3 minutes les herbes aromatiques. Les égoutter, les hacher finement.

Blanchir 1 minute les échalotes hachées finement. Les égoutter, les ajouter à la purée d'herbes. Mélanger avec le beurre en pommade, assaisonner, passer au tamis. Mettre au frais.

Beurre maître d'hôtel

Pour 150 g environ.
Prép. : 5 mn.

125 g de beurre
Quelques gouttes de jus de citron
2 cuil. à soupe de persil haché
Sel, poivre.

Mélanger tous les ingrédients, débarrasser au frais (on peut aussi ajouter une pointe de moutarde).

LES SAUCES ENTRÉES

QUELQUES SAUCES FROIDES EXPRESS

Crème fouettée assaisonnée + une cuil. à soupe de concentré de tomate, une cuillère à café de cognac, un peu de Worcestershire sauce.
On peut remplacer le concentré de tomate par du ketchup.

Crème fouettée assaisonnée + herbes fraîchement hachées.

Crème fouettée assaisonnée + une purée bien sèche de légumes (2 cuil. à soupe pour les 2 dl de crème fouettée).

Crème fouettée assaisonnée + 2 cuil. à soupe de brunoise de légumes cuits.

Crème fouettée assaisonnée + un filet de truite fumée en purée passée au tamis (mélanger la crème au fur et à mesure à la purée de truite), 1 cuil. à café de raifort râpé et un quart de pomme râpée finement.

Crème fouettée assaisonnée + 2 cuil. à café de raifort et 1/4 de pomme râpée.

On pourra réaliser les mêmes recettes avec du fromage blanc à 45% ou à 0% si l'on désire une sauce diététique.
Elles accompagneront en un clin d'œil vos viandes et vos poissons froids, vos terrines et vos salades composées.

Pour 7 dl.
Prép. : 20 mn.

Coulis de tomate I

500 g de tomates émondées
1 gousse d'ail
Sel, poivre, sucre
1 dl d'huile d'olive
7 cl de vinaigre de vin.

Mixer les tomates avec l'ail et l'assaisonnement puis ajouter l'huile et le vinaigre.

Pour accompagner des terrines de légumes, des crudités, des salades.

Pour 4 dl.
Prép. : 15 mn.
Cuisson : 20 mn.

Coulis de tomate II

400 g de concassée de tomates (p. 24)
2,5 cl d'huile d'olive
3 cl de vinaigre d'alcool
4 feuilles de basilic
Sel, poivre, tabasco.

Mixer la concassée de tomates, ajouter l'huile, le vinaigre, le basilic ciselé et assaisonner. Passer au chinois.

Pour relever vos légumes en salade.

Excellent avec une salade de brocoli (saupoudrer le dessus de pignons de pin fraîchement grillé).

Le tabasco est une sauce piquante à base de piment.

Pour 1/2 l. Prép. : 15 mn.	

Dressing au vinaigre

1 jaune d'œuf
1 cuil. à soupe de moutarde
1,5 dl d'huile d'arachide
1 dl de vinaigre
5 cl d'eau
100 g de légumes au vinaigre (en bocaux)
Sel, poivre.

Préparer une mayonnaise (voir p. 54), la détendre avec l'eau et le vinaigre. Ajouter les légumes hachés.

Pour 1/3 l. Prép. : 15 mn.	

Dressing exotique

1 jaune d'œuf
1 cuil. à soupe de moutarde
Sel, poivre
1,5 dl d'huile
5 cl de sauce chili
Garniture :
80 g de poivron vert
80 g de poivron rouge
120 g de concombre.

Préparer une mayonnaise (voir p. 54). La détendre avec le vinaigre, la crème et la sauce chili. Tailler les poivrons en très petits dés ainsi que le concombre épépiné mais non épluché. Réserver la sauce dans un bocal.

REMARQUE

Eplucher les poivrons en les faisant griller au four. Ils seront plus digestes.

Pour 3/4 l.
Prép. : 15 mn.

Dressing français

1/4 l de bouillon de bœuf
1 cuil. à soupe de moutarde
2 dl de vinaigre
Sel, poivre
1 cuil. à soupe rase de paprika
1/3 l d'huile d'arachide
2 cuil. à soupe de fines herbes hachées (persil, cerfeuil, ciboulette).

Mixer tous les éléments.

Cette sauce se décompose après une journée. Lui redonner un coup de fouet avant de l'utiliser.

Pour 1/3 l.
Prép. : 10 mn.

Dressing gourmet

1/4 l de bouillon de bœuf
1 oignon haché
1/8 l de vinaigre
1 cuil. à soupe de moutarde à l'ancienne
Sel, poivre
1 œuf.

Mixer tous les ingrédients.

Pour 2 dl.
Prép. : 15 mn.

Sauce salade

1,5 dl de crème épaisse
1 cuil. à soupe rase de moutarde
Le jus d'1 citron
Sel, poivre
1 cuil. à soupe de ketchup
1 cuil. à café de cognac.

Mélanger tous les ingrédients.

Pour assaisonner une salade ou un mélange de salade de votre choix selon le marché du jour. Au dernier moment, mélanger la salade à la sauce dans un saladier puis la dresser dans un récipient propre. Saupoudrer de fines herbes fraîchement hachées.

Pour 5 cl.
Prép. : 5 mn.

Sauce au curry

2 cuil. à soupe de crème liquide
2 cuil. à soupe d'huile
1 pincée de curry en poudre
1 pincée de cumin en poudre.

Mélanger tous les ingrédients.

Pour 1/2 l.
Prép. : 10 mn.

Sauce salade au fromage blanc

1/4 l de crème
250 g de fromage blanc
Le jus de 2 citrons
1 cuil. à soupe de moutarde
Sel, poivre
2 cuil. à soupe de fines herbes hachées (persil, cerfeuil, ciboulette).

Mixer tous les ingrédients.

Pour 4 dl.
Prép. : 5 mn.

Sauce salade au roquefort

50 g de roquefort
3 dl d'huile
1/2 dl de vinaigre d'alcool
Quelques gouttes de sauce Worcestershire.

Mixer tous les ingrédients.

Pour 15 cl.
Prép. : 10 mn.

Sauce aux anchois

4 filets d'anchois au sel
1 cuil. à café de moutarde
Le jus d'1/2 citron
1 yaourt
1 gousse d'ail
Poivre.

Laver les filets d'anchois. Les hacher avec l'ail, ajouter le jus de citron, la moutarde, le poivre et le yaourt.

Pour 1/3 l.
Prép. : 10 mn.

Sauce avocat

1 avocat
120 g de fromage blanc à 45%
1/2 oignon haché
1 œuf dur
1 cuil. à soupe de câpres
1 dl de vinaigre
1 yaourt nature
1 cuil. à soupe de persil haché.

Mixer tous les ingrédients pendant quelques secondes.

Pour 15 cl.
Prép. : 10 mn.

Sauce mousse

1 blanc d'œuf
1 petit-suisse
1 cuil. à café de moutarde
Le jus d'1/2 citron
1 pincée de persil haché
Sel, poivre
Paprika.

Mélanger tous les ingrédients en ajoutant le blanc battu en neige à la fin.

Pour 2,5 dl.
Prép. : 10 mn.

Sauce moutarde à la crème

2 cuil. à soupe de moutarde
Sel, poivre
1 filet de jus de citron
2 dl de crème épaisse froide.

Mettre la moutarde dans le saladier avec l'assaisonnement. Ajouter le jus de citron puis ajouter la crème comme pour une mayonnaise en fouettant sans arrêt.

Pour différents hors-d'œuvre ou apéritifs ; on peut par exemple préparer des bâtonnets de légumes que les invités tremperont dans cette sauce.

Pour 15 cl.
Prép. : 10 mn.

Sauce pamplemousse

1/2 pamplemousse
1 cuil. à soupe de yaourt nature
2 cl d'eau
Sel, poivre
1 œuf dur haché.

Mixer le pamplemousse épluché à vif. Le passer au chinois et ajouter les autres ingrédients.

Pour 1 dl.
Prép. : 5 mn.

Sauce persil

Mélanger tous les ingrédients.

Le jus d'1 citron
1 oignon haché
2 cl d'huile
1 cl de vinaigre
1 cuil. à soupe de persil haché
Sel, poivre.

Pour 2 dl.
Prép. : 15 mn.

Sauce ravigote froide pour salade

Mélanger tous les ingrédients.

15 cl de vinaigrette (p. 46)
1/2 oignon haché
1 cuil. à soupe de câpres hachées
1 cuil. à soupe de fines herbes hachées (persil, cerfeuil, ciboulette).

Pour 1 dl.
Prép. : 5 mn.

Sauce Volga

Mixer l'ensemble.

1 blanc d'œuf cuit
Le jus d'1 citron
1/2 gousse d'ail hachée
Sel, poivre
1 pincée de persil haché.

Pour 15 cl.
Prép. : 5 mn.

Vinaigrette

5 cl de vinaigre
1 pincée de sel
3 tours de moulin à poivre
1 dl d'huile.

Dissoudre l'assaisonnement dans le vinaigre. Ajouter l'huile.

Pour une vinaigrette moutardée, ajouter une cuillerée à soupe de moutarde. On peut aussi ajouter 1/2 oignon haché très fin, 1 gousse d'ail hachée, 1 cuillerée d'herbes hachées (persil, cerfeuil, ciboulette), remplacer l'huile d'arachide par une autre huile parfumée (olive, noix, noisette) ou moitié arachide et moitié huile parfumée.

Pour 2 dl.
Prép. : 10 mn.

Vinaigrette à la crème

2 cuil. à soupe de moutarde
2 dl de crème fraîche épaisse
5 cl de vinaigre
Sel, poivre.

Mélanger la moutarde dans un saladier avec le sel et le poivre. Ajouter la crème et remuer comme pour une mayonnaise. Détendre ensuite avec le vinaigre.

Pour 3 dl.
Prép. : 5 mn.
Cuisson : 1 mn.

Vinaigrette à l'échalote

2 échalotes hachées
1 dl de vin blanc
8 cl de vinaigre
5 cl d'huile de noix
1 dl d'huile d'arachide
Sel, poivre.

Mettre les échalotes, le vin et le vinaigre à bouillir 1 minute. Ajouter les huiles en fouettant. Assaisonner.

Pour toutes sortes de salades variées.

Pour 2 dl.
Prép. : 10 mn.

Vinaigrette aux agrumes

1 orange
1 citron
2 cuil. à soupe d'eau
1 cuil. à soupe de moutarde
1 dl d'huile de noisette
1 morceau de sucre
1 cuil. à soupe de ciboulette hachée
Sel, poivre.

Prélever les zestes des agrumes, les tailler en julienne, les blanchir et les rafraîchir. Les cuire 3 minutes avec un peu d'eau et le morceau de sucre. Les réserver.

Détendre la moutarde avec le jus des agrumes. Ajouter l'huile en fouettant puis ajouter les zestes et la ciboulette.

Vérifier l'assaisonnement.

Pour 1/4 l.
Prép. : 10 mn.

Vinaigrette au jus de légume

1 dl de jus de légume frais
5 cl de vinaigre de fruits
1 dl d'huile d'olive
Sel, poivre.

Mélanger le jus de légume de votre choix et les autres ingrédients.

Toutes les fantaisies sont permises pour la réalisation de cette recette : jus de carotte, tomate, concombre, céleri avec vinaigre de framboise, de citron, d'orange etc.

Pour 3 dl.
Prép. : 5 mn.

Vinaigrette de ketchup

1,5 dl de vinaigrette (p. 46)
1 cuil. à soupe de ketchup
1,5 dl de jus de cuisson de volaille de préférence.

Fouetter les ingrédients. Servir tiède.

Pour accompagner une salade de volaille.

Disposer dans les assiettes un fond de salade mélangée, disposer une julienne de blancs de poulet cuits, décorer d'œufs durs, de quartiers de tomates, saupoudrer de persil haché et assaisonner avec la vinaigrette de ketchup.

Pour 4 dl.
Prép. : 10 mn.
Cuisson : 1 mn.

Vinaigrette tiède

2,5 dl d'huile d'olive
1 cuil. à soupe de concentré de tomate
1 pincée de safran
1 dl de vinaigre
1 cuil. à soupe de moutarde
Sel, poivre.

Dégraisser la poêle de cuisson d'une viande telle que ris de veau, magret, blanc de volaille. Déglacer avec 5 cl de vinaigre, ajouter la tomate concentrée, l'huile, le safran et fouetter. Transvaser dans une petite casserole avec le vinaigre restant et la moutarde. Fouetter pour lier les différents éléments. Assaisonner.

Cette sauce se fait au dernier moment juste après cuisson de la viande et hors du feu.

Pour 4 dl.
Prép. : 15 mn.

Vinaigrette "vieille France"

2 cuil. à soupe d'herbes fraîches hachées (persil, cerfeuil, ciboulette)
25 g d'amandes en poudre
2 jaunes d'œufs durs
2 dl d'huile
5 cl de vinaigre
5 cl d'eau
1/2 cuil. à soupe de moutarde
Sel, poivre.

Mélanger les jaunes, la moutarde, le sel, le poivre, les amandes en poudre, ajouter l'huile pour en faire une mayonnaise, la détendre avec le vinaigre et l'eau. Ajouter les herbes hachées.

Pour 2 dl.
Prép. : 5 mn.

Vinaigrette zéro

1 dl de jus de tomate
Le jus d'1 citron
1 oignon haché
1 pincée de persil haché
Sel, poivre
1/2 cuil. à soupe de moutarde.

Mélanger l'ensemble.

Pour 4 dl.
Prép. : 25 mn.

Dip sauce

1 dl de sauce béchamel froide (p. 101)
2 jaunes d'œufs
13 cl d'huile
80 g de brunoise de carotte
Sel, poivre.

Ajouter les jaunes à la béchamel froide et monter la sauce à l'huile comme une mayonnaise. Ajouter la brunoise de carotte. Vérifier l'assaisonnement.

Pour 2 dl.
Prép. : 15 mn.

Dip au roquefort

75 g de roquefort
75 g de beurre
15 cl de crème fouettée
2 pincées de ciboulette hachée
1 cuil. à soupe de brisures de noix
Sel, poivre.

Travailler le beurre et le roquefort en pommade. Ajouter la crème, la ciboulette, l'assaisonnement et les brisures de noix.

Pour 4,5 dl.
Prép. : 10 mn.

Dip au thon

100 g de thon cuit
200 g de fromage blanc
1,5 dl de crème liquide
Sel, poivre.

Mixer tous les ingrédients. Vérifier l'assaisonnement et passer au tamis.

On peut ajouter quelques gouttes de vinaigre.

LES SAUCES EMULSIONNÉES

4 pers.
Prép. : 15 mn.

Aïoli

1 jaune d'œuf
4 gousses d'ail broyées
2,5 dl d'huile d'olive
Sel, poivre
1/2 cuil. à soupe d'eau
Le jus d'1/4 de citron.

Ecraser l'ail dans un mortier. Ajouter le jaune d'œuf, le sel, le poivre, puis l'huile en filet en tournant pour monter la sauce comme pour une mayonnaise. De temps en temps, verser un peu d'eau et de citron pour rompre le corps de la sauce et continuer à la monter avec l'huile.

Broyer l'ail dans un mortier.

Ajouter le jaune d'œuf, l'assaisonnement puis l'huile en filet.

Ajouter l'eau et le citron au cours de la préparation.

Pour 4 dl.
Prép. : 10 mn.

Mayonnaise

2 jaunes d'œufs
1/4 l d'huile d'arachide
1 cuil. à café de moutarde
2 cl de vinaigre ou de jus de citron
Sel, poivre.

Dans un saladier de bonne taille, mélanger la moutarde, les jaunes, le sel, le poivre. Ajouter l'huile en filet jusqu'à complète absorption. Détendre avec le vinaigre ou le jus de citron.

On peut ajouter le vinaigre chaud ce qui assure une meilleure conservation.

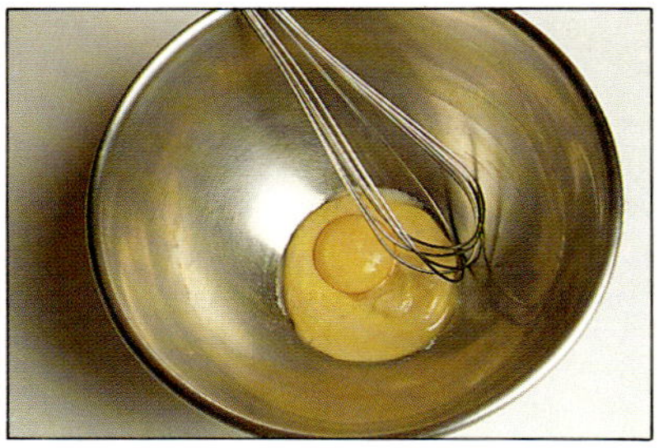

Mélanger moutarde, sel, poivre et jaune d'œuf.

Ajouter l'huile en filet.

Détendre avec un peu de vinaigre.

ET POURQUOI NE PAS LA REUSSIR ?

Les causes d'échecs d'une mayonnaise sont les suivantes :

- Addition trop rapide de l'huile
- Moutarde et jaunes d'œufs mal mélangés
- Trop d'huile par rapport aux jaunes d'œufs utilisés
- Huile trop froide.

Lorsque la mayonnaise tourne, on recommence à zéro : on mélange un peu de moutarde et un jaune d'œuf puis on ajoute la mayonnaise tournée. On peut aussi la rattraper en ajoutant quelques gouttes d'eau chaude.

C'est une erreur totale de penser que l'on puisse rater une mayonnaise parce que les ingrédients ne sont pas à la bonne température. Seule l'huile doit être à température ambiante, mais en général elle se trouve toujours dans un placard de cuisine et en aucun cas dans le réfrigérateur.

Pour 4 dl.
Prép. : 10 mn.

Mayonnaise à la russe

1,5 dl de mayonnaise (p. 54)
2 dl de gelée fondue
1 cuil. à soupe de vinaigre à l'estragon
1/2 cuil. à soupe de raifort râpé.

Mélanger soigneusement tous les ingrédients. Placer le bol sur de la glace. Fouetter jusqu'à ce que la sauce soit mousseuse. Arrêter dès qu'elle commence à épaissir.

A utiliser pour lier des légumes, de la macédoine, par exemple.

Pour 5 dl.
Prép. : 5 mn.

Mayonnaise collée

3,5 dl de mayonnaise (p. 54)
1,5 dl de gelée froide mais non prise.

Mélanger la mayonnaise à la gelée.

Utiliser cette sauce pour napper des mets froids : œufs, viandes, poissons, légumes.

Pour 15 cl.
Prép. : 5 mn.

Mayonnaise diététique

50 g de fromage blanc
1 cuil. à soupe de moutarde
1 jaune d'œuf
Le jus d'1/2 citron
Sel, poivre.

Mélanger tous les ingrédients.

On peut ajouter des herbes hachées et des câpres.

LA MAYONNAISE : UNE ENIGME HISTORIQUE

La mayonnaise, bien que née il y a à peine 250 ans, possède une origine bien trouble... Cette sauce, aujourd'hui considérée comme un "must" évident de tout fond d'épicerie familiale, traîne avec elle une histoire complexe et controversée, à laquelle ne sied que le mode conditionnel.

L'étymologie du mot ne connaît pas moins de 4 versions. Son orthographe a subi toutes sortes de modifications fantaisistes et sa forme définitive actuelle semble dater de 1807. C'est au duc de Richelieu que l'on attribue le plus couramment l'invention de la mayonnaise. Celui-ci, ayant pris Port-Mahon (capitale de l'île de Minorque, aux Baléares) le 28 juin 1756, aurait baptisé, dans un remarquable éclair d'imagination, "mahonnaise" cette sauce qu'il fut le premier à réaliser. Néanmoins, certaines mauvaises (ou bonnes ?) langues suggèrent que l'invention serait plutôt due à son cuisinier...

Quoi qu'il en soit, le flou est de mise car d'autres sources assurent que son nom est lié à la bonne ville de Bayonne, dont elle aurait été une spécialité. Effectivement, la linguistique serait toute prête à reconnaître la "bayonnaise" comme légitime ancêtre de la mayonnaise.

Le cuisinier et pâtissier français Carême (XIXe siècle), quant à lui, prétend que le terme dérive du verbe "manier" et l'appelle "magnonnaise" ou encore "magnionnaise". Il justifie même fort habilement sa trouvaille : "ce n'est qu'à force de manier des corps liquides ensemble que l'on finit par obtenir une sauce veloutée très moelleuse et appétissante, unique en son genre, puisqu'elle ne ressemble en rien aux autres sauces, qui ne s'obtiennent que par les réductions du fourneau" (Traité des Entrées Froides).

Pour finir, Prosper Montagné (décédé en 1948), autre cuisinier français, donne son grain de sel : "le mot est une déformation populaire de "mayeunaise", dérivant du très vieux mot français "moyen", signifiant jaune d'œuf. Or, ladite sauce n'est en somme qu'une émulsion de jaune d'œuf et d'huile.

Par contre, la réglementation est claire comme de l'eau de roche au sujet de ce mariage réussi et homogène de 2 produits à l'origine non miscibles entre eux : eau et huile. La dénomination de "mayonnaise" ne peut convenir qu'à une émulsion épaisse faite d'huile végétale comestible, de jaunes d'œufs, de vinaigre et d'assaisonnements, dans laquelle le minimum d'huile est de 80 %. Ce produit ne doit en outre contenir aucun conservateur d'origine chimique, ni colorant. Il est admis que la préparation contienne de petites quantités de farine, fécule ou alginate (provenant des algues) conforme aux prescriptions, ainsi que les antioxygènes et les matières émulsionnantes autorisées.

La mayonnaise peut être conjuguée à toutes les sauces et la pléiade de ses variantes pourrait faire perdre son latin au meilleur des sauciers. Mais dans tous les cas, la moutarde est l'ingrédient de base obligatoire. Le voyage gourmand de la mayonnaise démarre donc par un passage obligé à Dijon. Si l'on met ensuite le cap au sud, on découvre l'aïoli provençal (avec ail et huile d'olive) et la sauce antiboise (avec ail, fines herbes et coriandre). Encore plus au sud, voici la sauce andalouse (avec purée de tomate et dés de poivron). Remontons plein nord pour découvrir la tartare (avec câpres, cornichons, oignons et fines herbes) et la russe (avec caviar...). Sans oublier la gribiche (avec câpres et jaune d'œuf dur au lieu de cru), la Vincent (avec oseille et jaune d'œuf dur), la vendangeur (avec vin rouge et échalotes), l'indienne (au curry), la verte (au cresson), la rémoulade (à l'essence d'anchois), etc. La liste est encore longue : italienne, Cambridge, dijonnaise, maltaise..., et les ingrédients infinis, cerfeuil, truffe, estragon... Qu'il s'agisse de recettes ou d'Histoire, la mayonnaise ne manque pas de ressources !

Sophie HACHET

Pour 4 dl.
Prép. : 10 mn.

Sauce au yaourt

2 yaourts nature
5 cuil. à soupe de mayonnaise (p. 54)
1 cuil. à soupe d'herbes fraîches hachées (persil, cerfeuil, ciboulette)
Sel, poivre.

Mélanger tous les ingrédients.

On peut y ajouter quelques dés de tomates émondées et épépinées.

Pour accompagner des poissons froids et des légumes.

Pour 3 dl.
Prép. : 15 mn.

Curry de mayonnaise

1 banane écrasée en purée
150 g de mayonnaise (p. 54)
1 cuil. à soupe d'amandes effilées grillées
1 cuil. à soupe rase de noix de coco râpée
1/2 pomme fruit taillée en dés
1 cuil. à café de curry
Tabasco (facultatif).

Mélanger tous les ingrédients.

C'est excellent avec une fondue à la viande.

Pour 3,5 dl.
Prép. : 5 mn.

Sauce chantilly

1/4 l de mayonnaise (p. 54)
1 dl de crème fouettée.

Faire le mélange au dernier moment car la crème risque de se décomposer.

A servir avec des asperges.

Pour 4 dl.
Prép. : 10 mn.

Sauce cocktail

1/4 l de mayonnaise (p. 54)
1 cuil. à soupe de ketchup
1 cuil. à soupe de cognac
1 dl de crème fouettée.

Mélanger la mayonnaise, le ketchup et le cognac. Incorporer délicatement la crème fouettée.

A servir avec des avocats, un cocktail de fruits de mer ou de crevettes.

Pour 3 dl.
Prép. : 10 mn.
Cuisson : 5 mn.

Sauce mousquetaire

1/4 l de mayonnaise (p. 54)
3 échalotes hachées
5 cl de vin blanc
1 cuil. à soupe de glace de viande (p. 23)
1 cuil. à soupe de ciboulette hachée
1 pointe de Cayenne.

Faire réduire de moitié le vin avec les échalotes. Ajouter la glace de viande. Laisser refroidir.

Incorporer la mayonnaise et le reste des ingrédients.

Cette sauce convient particulièrement pour accompagner les pièces de viande.

Pour 1/2 l.
Prép. : 20 mn.

Sauce oursin froide

4 dl de mayonnaise (p. 54)
ou de sauce cocktail (p. 58)
20 oursins.

Ouvrir les oursins et ajouter les parties comestibles à la sauce. Mélanger.

Cette sauce convient pour des cocktails de fruits de mer.

On peut trouver dans certains magasins spécialisés du corail d'oursin en boîte. Ajouter un peu de ce jus dans la sauce en faisant attention de ne pas trop la liquéfier.

Pour 3 dl.
Prép. : 5 mn.

Sauce suédoise

1/4 l de mayonnaise (p. 54)
1 cuil. à café de raifort râpé
2 cuil. à soupe de marmelade de pommes.

Mélanger les ingrédients.

Cette sauce est parfaite pour accompagner des viandes fumées froides.

Pour 3 dl.
Prép. : 5 mn.

Sauce mayonnaise rose

1/4 l de mayonnaise (p. 54)
3 cl de jus de betterave crue.

Mélanger les ingrédients.

Il est préférable d'utiliser une mayonnaise sans vinaigre, la sauce serait trop liquide.

Pour 3 dl.
Prép. : 10 mn.
Cuisson : 1 mn.

Sauce mayonnaise verte

1/4 l de mayonnaise (p. 54)
80 g de feuilles vertes (cresson, épinard, persil, estragon, cerfeuil).

Blanchir les herbes 1 minute à l'eau bouillante, les retirer et les mixer. Passer en pressant pour récupérer le jus. Incorporer 3 dl de ce jus à la mayonnaise.

On peut aussi centrifuger les herbes cuites.

JOUER AVEC LES SAUCES

En utilisant deux sauces de couleurs différentes, vous pourrez réaliser des décors de chef. Voici quelques exemples :

- Garnir le fond d'une assiette d'une des sauces. Ajouter régulièrement quelques gouttes d'une autre sauce. Passer la pointe d'un couteau comme pour couper la goutte en deux.
- Garnir le fond d'une assiette d'une des sauces. A l'aide d'un cornet en papier, déposer une spirale bien régulière de l'autre sauce. Passer ensuite la pointe d'un couteau alternativement du centre vers le bord de l'assiette.
- Diviser l'assiette en plusieurs parties grâce à un trait de mayonnaise bien ferme ou de crème fouettée. Remplir les espaces ainsi réalisés avec les sauces.
- Garnir le fond d'une assiette avec l'une des sauces. A l'aide d'un cornet garni de l'autre sauce, réaliser les motifs souhaités (clé de sol, nom, fleurs, ...).

Les sauces employées peuvent être chaudes, froides, salées ou sucrées. Par contre, elles doivent toutes avoir la consistance d'une crème anglaise.

Vous pourrez ainsi décorer des assiettes de poissons, de viandes, de pâtisseries, de crudités ou de terrines.

Pour 3 dl.
Prép. : 10 mn.

Sauce rémoulade

1/4 l de mayonnaise (p. 54) réalisée avec un jaune d'œuf dur
50 g de cornichons
20 g de câpres
1 cuil. à soupe de persil, cerfeuil et ciboulette hachée
2 anchois.

Hacher les cornichons, les câpres et les anchois. Les mélanger avec les restes des ingrédients.

Pour 3 dl.
Prép. : 5 mn.

Sauce tartare

1/4 l de mayonnaise (p. 54) réalisée avec un jaune d'œuf dur
1/2 oignon haché
1 cuil. à soupe de ciboulette hachée.

Mélanger tous les ingrédients.
Convient particulièrement avec des poissons froids.

Pour 5 dl.
Prép. : 5 mn.

Sauce Vincent

1/4 l de sauce tartare (p. 54)
1/4 l de sauce verte (p. 60).

Bien mélanger les deux sauces.

Pour 1,5 dl.
Prép. : 10 mn.
Cuisson : 10 mn.

Beurre blanc

125 g de beurre
4 cl de vinaigre
4 cl d'eau
2 échalotes hachées
Sel, poivre du moulin.

Faire réduire l'eau et le vinaigre avec les échalotes. Il doit rester 2 cuillerées à soupe de liquide. Ajouter le beurre en flocons en remuant sans arrêt sur le feu jusqu'à complète liaison des différents éléments. Retirer du feu. Assaisonner.

On peut passer la sauce au chinois.

MONTER AU BEURRE.

Préparer la réduction.

Incorporer le beurre froid en parcelles.

La sauce doit épaissir. Assaisonner hors du feu.

Pour 1,5 dl.
Prép. : 10 mn.
Cuisson : 10 mn.

Beurre blanc à la crème

125 g de beurre
4 cl de vinaigre
4 cl d'eau
2 échalotes
40 g de crème fraîche
Sel, poivre du moulin.

Réduire le vinaigre et l'eau avec les échalotes hachées jusqu'à obtenir 2 cuillerées à soupe de liquide.

Ajouter la crème. Laisser réduire à nouveau. Monter au beurre. Assaisonner.

Pour 2,5 dl.
Prép. : 5 mn.
Cuisson : 5 mn.

Beurre battu

1 dl d'eau
125 g de beurre
Quelques gouttes de jus de citron
Sel, poivre.

Porter l'eau à ébullition. Ajouter le beurre coupé en petits morceaux. Battre vivement sur feu modéré à l'aide d'un fouet. Assaisonner et ajouter le jus de citron.

Cette sauce très légère donne un bon parfum de beurre sans trop d'apport de matières grasses.

Pour 2,5 dl.
Prép. : 5 mn.
Cuisson : 10 mn.

Mint sauce

30 feuilles de menthe
150 g de beurre
2 dl de vinaigre
1 dl d'eau
1 échalote hachée
1 morceau de sucre
Sel, poivre.

Faire réduire de 3/4 le vinaigre et l'eau avec l'échalote, le sucre et la moitié des feuilles de menthe ciselées. Passer au chinois et monter la sauce au beurre. Assaisonner, ajouter le restant des feuilles de menthe finement ciselée.

Principalement pour accompagner de la viande poêlée ou grillée à la minute.

Pour 2,5 dl.
Prép. : 20 mn.
Cuisson : 5 mn.

Sauce cresson

1 botte de cresson
200 g de beurre blanc (p. 64)
Sel, poivre.

Blanchir les feuilles de cresson pendant 1 minute. Les égoutter, les mixer, passer la purée obtenue au tamis. Prélever 2 cuillères à soupe de cette purée, l'ajouter au beurre blanc, vérifier l'assaisonnement.

En idée de présentation, nous vous suggérons de réserver un peu de beurre blanc nature (2 cuillères à soupe) et de faire un dessin à l'aide des deux sauces en faisant tomber des gouttes de beurre blanc dans la sauce verte. Dessiner un motif à l'aide d'une pointe de couteau.

Cette sauce accompagne un poisson ou une viande blanche.

Pour 1,5 dl.
Prép. : 5 mn.
Cuisson : 5 mn.

Sauce minute au vin rouge

1/4 l de bon vin rouge
1 échalote hachée
120 g de beurre frais
Sel, poivre du moulin.

Dégraisser puis déglacer la poêle ou le sautoir de cuisson d'une viande blanche (escalope) ou rouge (tournedos ou steack) avec le vin. Laisser réduire à 5 cl avec l'échalote. Monter la sauce au beurre. Passer au chinois et vérifier l'assaisonnement.

Pour les viandes blanches ou rouges poêlées au dernier moment, le choix de la qualité du vin est importante pour le résultat final de la sauce.

Pour 1,5 dl.
Prép. : 5 mn.
Cuisson : 5 mn.

Sauce minute au Sauternes

2 dl de Sauternes
1 pincée de gingembre
130 g de beurre
Sel, poivre.

Cette sauce accompagne principalement du foie gras poêlé. Voici une suggestion de recette.

Assaisonner les tranches de foie, les fariner, les tapoter pour enlever l'excédent et les cuire à la poêle dans une petite noix de beurre chaud. Les retourner à mi-cuisson, les retirer et les réserver au chaud.

Dégraisser la poêle et déglacer avec le Sauternes. Réduire à 5 cl puis monter la sauce au beurre. Assaisonner.

Dresser les tranches de foie dans les assiettes et les napper de sauce.

On pourra aussi réaliser cette sauce avec un autre bon vin blanc doux. Il sera très agréable et surprenant d'ajouter à la sauce quelques grains de raisins muscat épluchés et épépinés.

Pour 6 dl.
Prép. : 15 mn.
Cuisson : 15 mn.

Sauce béarnaise

2 dl de vin blanc
2 dl de vinaigre
500 g de beurre clarifié (p. 24)
2 échalotes hachées
6 jaunes d'œufs
1 cuil. à soupe de cerfeuil et d'estragon hachés
Sel, poivre

Finition :
1 cuil. à soupe d'estragon et de cerfeuil hachés.

Réunir le vin, le vinaigre, le poivre, les échalotes, l'estragon et le cerfeuil dans une casserole. Réduire des 2/3. Passer au chinois dans un saladier de taille appropriée. Ajouter les jaunes, mélanger et battre ensuite ce mélange sur le feu au bain-marie (la température doit être de 60 °C) jusqu'à ce que le mélange devienne mousseux, consistant et un peu ferme. Retirer du feu. Ajouter le beurre en filet et monter la sauce comme une mayonnaise. Assaisonner et ajouter les fines herbes.

Voir page suivante les conditions de réussite et les causes d'échec de cette sauce.

La béarnaise accompagne les pièces de bœuf grillées, poêlées, sautées et les fondues de viandes.

Faire réduire le vinaigre, le vin, le poivre, les échalotes et l'estragon hachés.

Faire réduire et passer au chinois.

Ajouter les jaunes d'œufs, mélanger.

Faire épaissir en fouettant au bain-marie.

Retirer du feu. Monter la sauce en incorporant le beurre en filet.

Ajouter les herbes hachées.

POURQUOI ET COMMENT NE PAS RATER LES SAUCES EMULSIONNEES CHAUDES

ECHECS	CAUSES	PRECAUTIONS
Couleur grise ou verte	Matériel utilisé	Utiliser un récipient en inox ou un saladier
Jaunes trop mousseux	Trop de réduction par rapport aux jaunes	Il faut 1 cuil. à soupe pour 2 jaunes
Les jaunes s'émulsionnent mal	La taille du récipient est mal adaptée	Utiliser un récipient de taille appropriée
Les jaunes épaississent trop vite	La réduction est trop chaude	La température idéale est de 60 °C
La sauce tourne	Le beurre est versé trop rapidement	Ajouter le beurre doucement
La sauce tourne après cuisson	Celle-ci est trop chaude	Mettre un peu d'eau froide dans un autre récipient et verser la sauce tournée en fouettant

Sauce choron

Pour 7 cl.
Prép. : 5 mn.

5 cl de béarnaise (p. 68)
2 cuil. à soupe de sauce tomate très réduite.

Ajouter la sauce tomate à la béarnaise terminée.

Sauce foyot

Pour 1/2 l.
Prép. : 5 mn.

5 dl de béarnaise (p. 68)
5 cl de glace de viande (p. 23).

Ajouter la glace de viande à la béarnaise terminée.

Sauce paloise

Pour 1/2 l.
Prép. : 15 mn.
Cuisson : 15 mn.

2 dl de vin blanc
2 dl de vinaigre
500 g de beurre clarifié (p. 24)
1 cuil. à soupe de menthe et de cerfeuil hachés
2 échalotes hachées
6 jaunes d'œufs
Sel, poivre

Finition :
1 cuil. à soupe de menthe et de cerfeuil hachés.

Procéder comme pour une béarnaise (p. 68).

L'estragon est simplement remplacé par de la menthe.

Pour 3 dl.
Prép. : 15 mn.
Cuisson : 10 mn.

Sauce béarnaise diététique

5 cl de vinaigre
5 cl de vin blanc
4 jaunes d'œufs
200 g de fromage blanc
Persil et estragon hachés
1 cuil. à moka de poivre mignonnette
1 échalote hachée
Sel, poivre.

Réduire le vin, le vinaigre avec l'échalote et le poivre jusqu'à obtention de 3 cuillerées à soupe de liquide. Passer au chinois. Ajouter les jaunes, mélanger et battre le mélange au bain-marie sur le feu comme pour une sauce béarnaise traditionnelle (voir p. 68). Retirer du feu lorsque le mélange est mousseux et légèrement épais, ajouter le fromage blanc en remuant, assaisonner, ajouter l'estragon et le persil.

On peut réaliser une sauce hollandaise d'après la recette traditionnelle en remplaçant le beurre par du fromage blanc dans les mêmes proportions.

Pour 8 dl.
Prép. : 15 mn.
Cuisson : 15 mn.

Sauce hollandaise

6 jaunes d'œufs
500 g de beurre clarifié (p. 24)
Le jus d'1 demi-citron
4 cuil à soupe d'eau
Sel, poivre
4 cuil. à soupe de vinaigre.

Réduire presque à sec le vinaigre, l'eau et deux pincées de poivre moulu. Ajouter les jaunes et battre le mélange au bain-marie jusqu'à ce que la composition soit mousseuse et un peu ferme, retirer du feu et monter la sauce au beurre en l'ajoutant en filet à la manière d'une mayonnaise, assaisonner, passer au chinois, ajouter le jus de citron et utiliser.

Voir page 69 les causes d'échec de cette sauce et les conditions de réussite. La hollandaise est à la base de nombreuses préparations et accompagne poissons blancs ou asperges.

Faire réduire presque entièrement le vinaigre et le poivre.

Ajouter les jaunes d'œufs.

Fouetter au bain-marie jusqu'à ce que le mélange devienne un peu ferme.

Retirer du feu et monter au beurre comme une mayonnaise,

en ajoutant 1 cuil. à soupe d'eau de temps en temps si le mélange épaissit de trop.

On peut également ajouter le beurre frais, coupé en morceaux en fouettant au bain-marie.

Pour 8 cl.
Prép. : 10 mn.

Sauce hollandaise à la mandarine

5 cl de sauce hollandaise (p. 72)
Le jus d'1 mandarine
Le zeste de la mandarine blanchie
1 cl de Mandarine Impériale.

Ajouter le jus, le zeste et l'alcool de mandarine à la hollandaise. *On peut remplacer la Mandarine Impériale par du Grand Marnier ou par du Cointreau.*

Pour glacer un poisson, on peut rajouter 1 dl de crème fouettée.

A servir avec brochet, turbot, filet de sole, noix de St Jacques, truite, langoustine, gambas, saumon.

Pour 4 dl.
Prép. : 20 mn.
Cuisson : 15 mn.

Sauce aux endives

2 endives
40 g de beurre
Le jus d'1/2 citron
2 dl de sauce hollandaise (p. 72)
Sel, poivre
Sucre.

Tailler les endives en julienne et les cuire au beurre à la poêle. Assaisonner de sel, d'autant de sucre, de poivre, ajouter le jus de citron et cuire jusqu'à terme, environ 8 à 10 minutes.

Ajouter les endives à la sauce hollandaise. Mélanger. Utiliser aussitôt.

Pour servir de garniture de légumes à un poisson.

Déposer un peu de cette sauce sur le fond des assiettes, ajouter dessus un filet de poisson et pour étonner vos amis le napper de deux autres sauces poisson en jouant avec les couleurs. Cette sauce aux endives devra être réalisée au dernier moment et utilisée aussitôt.

On peut aussi incorporer à la préparation 2 cuil. à soupe de crème fouettée. Déposer la préparation sur une escalope de veau ou de volaille et faire glacer à la salamandre.

Pour 6 dl.
Prép. : 15 mn.
Cuisson : 10 mn.

Sauce bavaroise

1 dl de vinaigre
6 jaunes d'œufs
350 g de beurre clarifié (p. 24)
100 g de beurre d'écrevisses (p. 32)
Sel, poivre.

Faire réduire le vinaigre de moitié. Ajouter les jaunes d'œufs et les fouetter au bain-marie jusqu'à obtenir une consistance mousseuse et ferme. Retirer du feu. Monter avec le beurre clarifié comme une sauce hollandaise, puis ajouter le beurre d'écrevisses en flocons, assaisonner et utiliser.

Pour accompagner un poisson grillé, une darne de saumon par exemple.

Pour 4 dl.
Prép. : 15 mn.
Cuisson : 10 mn.

Sauce vin blanc

4 dl de fumet de poisson (p. 16)
3 jaunes d'œufs
250 g de beurre clarifié (p. 24)
Quelques gouttes de jus de citron
Sel, poivre.

Réduire le fumet jusqu'à obtention d'1 dl de liquide. Incorporer les jaunes d'œufs et battre le mélange au bain-marie jusqu'à ce que la préparation devienne mousseuse et un peu ferme.

Verser le beurre lentement en fouettant. Ajouter le jus de citron et l'assaisonnement.

Pour 3 dl.
Prép. : 15 mn.
Cuisson : 15 mn.

Sauce mousseline aux légumes

200 g de haricots verts bien cuits
3 cuil. à soupe de crème épaisse
4 cuil. à soupe de crème liquide
30 g de beurre noisette
Sel, poivre, muscade.

Mettre les haricots dans la crème épaisse. Porter à ébullition, mixer le tout et passer au chinois. Ajouter le beurre noisette, l'assaisonnement et la crème liquide fouettée à la consistance d'une chantilly.

On fera la même sauce avec d'autres légumes : carotte, chou-fleur, poireau, etc.

Le beurre noisette est du beurre fondu dans une poêle chaude jusqu'à ce qu'il prenne la couleur noisette.

Pour accompagner des légumes, par exemple chou-fleur et sauce aux poireaux ou aux haricots verts, chou-fleur et sauce aux carottes, tomates étuvées et sauce au chou-fleur.

Pour 7 dl.
Prép. : 15 mn.
Cuisson : 10 mn.

Sabayon

2 dl de liquide
6 jaunes d'œufs
500 g de beurre clarifié (p. 24)
Sel, poivre.

Le principe est le même que pour la sauce hollandaise seul le liquide de base change.

On pourra remplacer la réduction traditionnelle (vinaigre-eau) par du fumet de poisson, du fond blanc, du vin blanc sec ou doux, un coulis, du jus d'huître, de moule, du jus de cuisson de champignon ou tout autre liquide.

Pour la bonne réalisation d'un sabayon, les proportions seront toujours les mêmes : 2 dl de liquide réduit à 1 dl, 6 jaunes d'œufs, 500 g de beurre clarifié. Fouetter au bain-marie sur le feu à une température de 60 °C jusqu'à obtenir une consistance mousseuse et légèrement épaisse. Retirer du feu, monter la sauce comme une mayonnaise avec le beurre clarifié. Assaisonner.

Attention : toujours saler après cuisson surtout lorsqu'il s'agit d'une réduction. Faites particulièrement attention au jus de cuisson de moules qui peut être très salé en réduisant ; si c'est le cas, ne le faites pas réduire et mélanger directement les jaunes avec la quantité désirée.

REMARQUE

Le sabayon, d'origine bretonne, est un entremets à base de jaunes d'œufs et de sucre émulsionnés au bain-marie. Par extension, ce terme désigne aujourd'hui quantité de sauces salées ou sucrées de consistance mousseuse et légère.

Faire réduire de moitié le liquide de base, ici du coulis de crustacé.

Ajouter les jaunes d'œufs. Fouetter au bain-marie à environ 60 °C jusqu'à ce que le mélange épaississe.

Ajouter le beurre clarifié et monter le sabayon en fouettant. Assaisonner et mélanger.

Pour 3,5 dl.
Prép. : 35 mn.
Cuisson : 15 mn.

Sabayon d'huître

24 huîtres
150 g de beurre clarifié (p. 24)
4 jaunes d'œufs
5 cl de crème fouettée
Sel, poivre, safran
Quelques gouttes de jus de citron.

Ouvrir les huîtres en récupérant le jus. Mesurer un décilitre. Le passer au chinois et ajouter les jaunes, sel, poivre et quelques pistils de safran. Fouetter le mélange au bain-marie jusqu'à obtenir une consistance mousseuse et épaisse. Retirer du feu, ajouter le beurre en filet et mélanger sans arrêt avec le fouet pour monter la sauce comme une mayonnaise ou une hollandaise. Ajouter la crème fouettée et le citron, mélanger délicatement.

La sauce servira à glacer les huîtres. Pocher les huîtres dans un peu de leur jus (sans ébullition). Les retirer, les remettre dans les coquilles, remplir de sauce et passer le tout à la salamandre ou sous le gril du four.

PETIT DICTIONNAIRE DES SAUCES TOUTES PRETES

Il existe des sauces toutes prêtes que l'on ne peut réaliser soi-même car elles sont préparées selon des recettes secrètes. Nous présentons ici les plus couramment utilisées.

HERBADOX : elle est préparée avec des extraits de plantes, de viande et du vinaigre. Pour omelettes, soupes, poissons, viandes et légumes.

OYSTER SAUCE : elle est préparée avec de la sauce de soja, de la saumure et de l'extrait d'huître. Plus épaisse que la sauce soja, elle a une odeur de fumée. Pour accompagner les poissons, les légumes et les œufs.

SAUCE A LA MENTHE : cette sauce est principalement constituée de vinaigre de malt sucré et de menthe. Son goût rafraîchissant convient aussi aux rôtis froids, à la viande d'agneau, de porc et aux salades.

SAUCE CHILI : sauce piquante et sucrée qui nous vient d'Asie, composée de purée de tomate, sucre, vinaigre, chili, piments et d'un mélange spécial d'épices.

SAUCE H.P. : abréviation de House of Parlement. Il s'agit d'une sauce épicée au vinaigre de malt, aux fruits et aux épices orientaux, tels que tamarins, dattes, raisins secs. Le goût est piquant. Pour les fondues, les rôtis froids, la mayonnaise et les œufs.

SAUCE SOJA : sauce asiatique produite par la fermentation de soja, de farine de blé et d'orge. Cette sauce sert à mariner et à assaisonner poissons, viandes, volailles, gibiers, soupes, légumes, pâtes, sauces, riz.

SAUCE TERYAKI : fabriquée avec de la sauce soja, du sel, du bouillon et des épices. D'un goût moins prononcé et plus sucrée que sa grande sœur soja. Elle accompagne les tempuras, fondues, mais convient aussi pour mariner les viandes.

TABASCO : il est fabriqué à partir d'une variété de piment mexicain. Vous en trouverez l'utilisation dans quelques-unes des sauces contenues dans ce livre.

WORCESTERSHIRE : elle est préparée à partir de vinaigre, mélasse, soja, échalotes, sel, tamarin. Son goût particulier est dû au mûrissement dans des fûts en chêne.

LES SAUCES POISSON

Pour 6 dl.
Prép. : 15 mn.
Cuisson : 20 mn.

Bolognaise de poisson

150 g de filet de poisson à chair ferme (lotte, rascasse)
2 échalotes
40 g de beurre
220 g de concassée de tomates (p. 24)
2 dl de fumet de poisson (p. 16)
Sel, poivre.

Faire revenir les échalotes hachées au beurre. Ajouter le poisson taillé en petits dés. Cuire 3 minutes. Ajouter la concassée de tomates et le fumet et laisser cuire 5 minutes. Rectifier l'assaisonnement.

Pour servir avec des spaghettis accompagnés de parmesan râpé.

Pour 4 dl.
Prép. : 30 mn.
Cuisson : 45 mn.

Crème d'asperges

400 g d'asperges fraîches
2 échalotes hachées
1 dl de bon vin blanc sec
2,5 dl de fumet de poisson (p. 16)
2 dl de crème
Sel, poivre
Muscade.

Cuire les asperges entières de façon traditionnelle, réserver les pointes, mixer les tiges.

Réduire de 3/4 le vin avec les échalotes. Ajouter le fumet, réduire de moitié, ajouter la crème, la purée d'asperge, cuire quelques minutes, passer au chinois et vérifier l'assaisonnement.

Pour accompagner un poisson blanc, limande, sole, lotte, vive, bar, cabillaud.

Tarte renversée aux poires caramélisées

Préparation : 30 minutes
Cuisson : 40 minutes
Repos de la pâte : 1 heure

DIFFICULTÉ

PRIX

Variante aux poires de la célèbre tarte Tatin.

POUR 6 PERSONNES

Pour la pâte :

- 125 g de farine
- 75 g de beurre ramolli
- 1 cuil. à soupe de sucre en poudre
- 1 petite pincée de sel

Pour la garniture :

- 1 kg de poires comices
- 75 g de sucre en poudre
- 75 g de beurre
- 1 citron

bon marché

PRÉPARATION

1 Pour la pâte brisée : dans un saladier, creuser une fontaine dans la farine. Y mettre beurre, sucre, sel, 1/4 de verre d'eau tiède. Travailler avec les doigts pour former une boule. Laisser reposer 1 h à température ambiante.

2 Eplucher les poires, les couper en 8, citronner les quartiers. Etaler la pâte brisée, la réserver.

3 Saupoudrer directement le fond du moule à tarte de sucre, parsemer de petits morceaux de beurre puis disposer les quartiers de poires.

4 Etaler ensuite la pâte sur les poires, rentrer la pâte tout autour à l'intérieur du moule. Pratiquer une petite cheminée au milieu de la tarte.

5 Faire cuire à four chaud 270° (th.9) 15 mn. Baisser le thermostat à 6 et poursuivre la cuisson 25 mn. Dès la sortie du four, retourner la tarte sur le plat de service.

Vin : muscat de rivesaltes
Calories par personne : 400

MRP 0997/B

Mes Recettes Préférées

IMPRIMÉ EN RFA ISBN 2-908306-01-8

Tarte renversée aux poires caramélisées

Avocat créole

Préparation : 20 minutes
Cuisson : 20 minutes

DIFFICULTÉ

PRIX

Une entrée colorée en toute saison.

POUR 4 PERSONNES

- 2 avocats
- 30 g de riz étuvé
- 1 boîte de crabe
- 4 cuil. à soupe de mayonnaise
- 1 cuil. à café de moutarde
- quelques gouttes de tabasco
- 1 cuil. à soupe de ketchup
- 1 cuil. à soupe de citron
- 1 cuil. à soupe de fines herbes ciselées
- sel, poivre

PRÉPARATION

1 Faire cuire le riz dans deux fois et demie son volume d'eau bouillante salée, jusqu'à l'absorption du liquide.

2 Mélanger la mayonnaise, la moutarde. Saler, poivrer, verser le jus de citron, ajouter le ketchup et le tabasco.

3 Ouvrir les avocats en deux, ôter la chair, la couper en dés. Dans un saladier rassembler la chair d'avocat, la chair de crabe, la mayonnaise, le riz complètement refroidi. Mélanger.

4 Garnir chaque demi-avocat avec cette préparation, parsemer avec les fines herbes hachées et garder au frais jusqu'au moment de servir.

truc

On pourra utiliser indifférem-ment du riz blanc ou du riz brun.

Vin : alsace muscat
Calories par personne : 365

Mes Recettes Préférées
IMPRIMÉ EN RFA ISBN 2-908306-01-8
MRP 0997/B

Avocat créole

Entrées froides

RECETTE 29

1

Pour 1 l.
Prép. : 25 mn.
Cuisson : 25 mn.

Coulis de crustacés

1 kg de carapaces de crustacés ou d'écrevisses
50 g de beurre
1 l de crème liquide
1 l de fumet de poisson (p. 16)
4 cl de cognac
3 échalotes hachées
1 carotte émincée
1 feuille de laurier
1 branche de thym
1 branche de céleri
1 branche de persil
Sel, poivre.

Faire revenir au beurre les carapaces avec la carotte et les échalotes. Lorsqu'elles sont bien revenues, flamber au cognac, ajouter le fumet, la crème, le thym, le laurier, les branches de persil et de céleri et laisser cuire 20 minutes. Mixer l'ensemble et le passer au chinois dans une casserole propre. Réduire la sauce à la bonne consistance et assaisonner.

Pour des gratins de fruits de mer, bisque, crustacés petits et gros.

Prendre quelques précautions pour mixer les carapaces, en mettre peu à la fois et recommencer à plusieurs reprises.

Pour 5 dl.
Prép. : 45 mn.
Cuisson : 1 h 30 mn.

Jus d'aromates

200 g de fenouil
100 g de céleri branche
150 g de poivrons rouges
2 gousses d'ail hachées
1 pincée de safran
500 g de tomates concassées
Persil, cerfeuil, ciboulette
1/2 l de fumet de poisson (p. 16)
1/2 l de vin blanc
40 g de beurre
Sel, poivre.

Emincer le fenouil, le céleri et les poivrons rouges. Les faire revenir au beurre.

Mélanger le fumet, le vin et la concassée de tomates, l'ail, le safran, les fines herbes hachées et les précédents légumes. Cuire 1/2 heure.

Mixer, passer au chinois, réduire à la bonne consistance. Vérifier l'assaisonnement.

Pour un poisson blanc, de mer ou d'eau douce, pochée au court-bouillon.

Pour 2,5 dl.
Prép. : 30 mn.
Cuisson : 40 mn.

Sauce américaine

1 homard
1 dl de fumet de poisson (p. 16)
1 carotte
1 oignon
4 cl d'huile
1 branche de persil
1 feuille de laurier
1 clou de girofle
5 grains de poivre
5 cl de cognac
2 dl de bon vin blanc
3 tomates
1 cuil. à soupe de glace de viande (p. 23)
3 cuil . à soupe de sauce demi-glace (p. 36)
130 g de beurre
Sel, poivre du moulin, Cayenne.

Acheter votre homard quelques heures avant de préparer la recette. Le réserver dans le bac à légumes de votre réfrigérateur, il s'y endormira.

Séparer la queue de la tête. Fendre le coffre en deux.

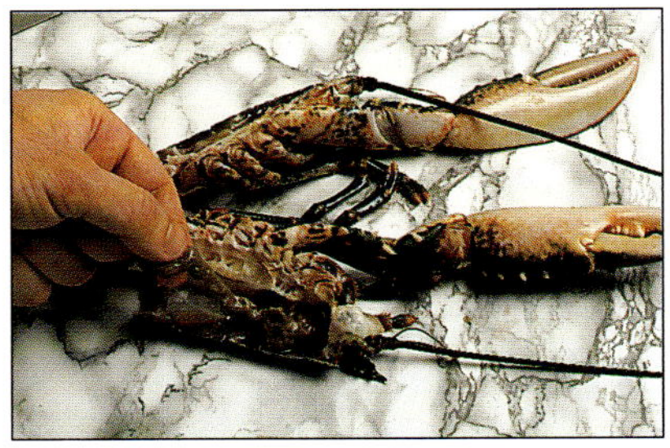

Réserver les intestins et le corail. Supprimer la poche à la hauteur de la tête. Briser les pinces.

Dans une sauteuse épaisse, faire chauffer un peu d'huile et ajouter les morceaux de homard. Ils doivent devenir rouge vif.

Adjoindre oignon, carotte et aromates. Flamber au cognac, ajouter le vin, le fumet, la glace, la demi-glace et les tomates coupées en morceaux. Cuire 15 à 20 minutes à couvert.

Retirer la chair du homard. Réduire la cuisson à 2 dl. Ajouter les intestins hachés avec 30 g de beurre.

Passer la sauce au chinois. Hors du feu, incorporer le beurre restant en morceaux. Vérifier l'assaisonnement. La sauce doit être un peu relevée.

Pour 4 dl.
Prép. : 10 mn.
Cuisson : 15 mn.

Sauce orientale

5 dl de sauce américaine (p. 82)
1 cuil. à soupe de curry
1,5 dl de crème fraîche.

Ajouter le curry à la sauce américaine chaude. Laisser réduire d'1/3 puis ajouter la crème fraîche.

Laisser réduire quelques instants afin d'obtenir la consistance voulue.

Pour 7 dl.
Prép. : 15 mn.
Cuisson : 10 mn.

Sauce aux algues

2,5 dl de fumet de poisson (p. 16)
200 g de laitue de mer
200 g de beurre
Sel, poivre.

Mélanger le fumet et les algues hachées. Faire cuire et laisser réduire à la bonne consistance puis monter la sauce au beurre. Assaisonner. Passer ou non au chinois.

Les algues se vendent dans la plupart des grandes surfaces. Elles sont souvent déshydratées. Le poids indiqué correspond à des algues fraîches ou réhydratées.

Pour 2,5 dl.
Prép. : 5 mn.

Sauce au basilic

2 yaourts nature
8 feuilles de basilic
1 tomate pelée, épépinée, taillée en petits dés
Sel, poivre.

Mélanger tous les ingrédients, réserver au chaud au bain-marie à 30°.

Pour accompagner un poisson poché ou cuit en papillote.

Pour 3 dl.
Prép. : 10 mn.
Cuisson : 5 mn.

Sauce au beurre d'huîtres

8 huîtres
200 g de beurre fondu
2 cuil. à soupe de crème
Sel, poivre.

Mixer la chair des huîtres. L'incorporer au beurre fondu. Rectifier l'assaisonnement, ajouter la crème et utiliser.

Pour réaliser le beurre fondu, on peut utiliser le jus des huîtres à la place de l'eau.

Cette sauce accompagne tous les coquillages servis chauds, avec naturellement une prédilection pour les huîtres.

Sauce au champagne

Pour 3 dl.
Prép. : 20 mn.
Cuisson : 30 mn.

1,5 dl de champagne
1,5 dl de fumet de poisson (p. 16)
5 cl de crème
2 petites échalotes hachées
50 g de beurre
Sel, poivre.

Faire suer les échalotes avec une petite noix de beurre. Ajouter le champagne et le fumet. Réduire d'1/4. Ajouter la crème. Réduire la sauce à la bonne consistance. Ajouter le reste de beurre en flocons, mélanger et assaisonner.

Pour un repas de fête, on peut ajouter une cuillerée de caviar.

Cette sauce convient pour tous poissons nobles et fins (sole, turbot, saumon, etc) et pour les crustacés (langouste, homard, araignée de mer, langoustine, gambas).

Sauce à l'encre de seiche

Pour 2 dl.
Prép. : 15 mn.
Cuisson : 10 mn.

1 dl de fumet de poisson (p. 16)
5 cl d'encre de seiche
Sel, poivre
120 g de beurre.

Réduire le fumet à 2 cl. Ajouter l'encre, chauffer et monter au beurre. Assaisonner.

Pour accompagner des pâtes aux fruits de mer. Utiliser des pâtes colorées pour jouer avec les couleurs.

Sauce aux épices

Pour 1/2 l.
Prép. : 40 mn.
Cuisson : 50 mn.

2,5 dl de fumet de poisson (p. 16) ou de fond blanc (p. 20)
300 g de concassée de tomates (p. 24)
Piment moulu
1 pincée de cannelle
1 pincée de curry
1 pincée de paprika.

Chauffer la concassée de tomates avec le fumet ou le fond blanc. Ajouter les épices. Mixer, passer au chinois et vérifier l'assaisonnement.

Pour accompagner un poisson, thon, sardine, maquereau, ou une viande en utilisant le fond blanc, grillade de porc, côte de veau ou brochettes.

Pour 2,5 dl.
Prép. : 20 mn.
Cuisson : 5 mn.

Sauce aux langoustines

7 cl de crème
150 g de beurre
50 g de glace de viande (p. 23) ou 2 cuil. à soupe de coulis de crustacé (p. 15) réduit
6 queues de langoustines cuites
Sel, poivre.

Réduire la crème à 5 cl puis la monter au beurre. Ajouter la glace de viande ou le coulis de crustacés et les queues de langoustines émincées. Vérifier l'assaisonnement.

Pour accompagner des gros crustacés : langouste, homard, araignée de mer ou un filet de poisson d'eau de mer poêlé, sole, rascasse, beryx.

Pour 4,5 dl.
Prép. : 35 mn.
Cuisson : 35 mn.

Sauce aux légumes

5 dl de fumet de poisson (p. 16)
2 dl de crème
200 g de purée de légumes au choix
35 g de beurre.

Réduire le fumet à glace. Ajouter la crème, cuire 3 minutes, puis ajouter la purée de légumes. Goûter l'assaisonnement et ajouter le beurre en flocons. Utiliser ou tenir au chaud au bain-marie.

Cette sauce accompagne un poisson blanc poché, par exemple une darne de cabillaud ou de lieu.

Pour 2 dl.
Prép. : 25 mn.
Cuisson : 30 mn.

Sauce à l'orange

1 dl de jus d'orange
5 cl de vinaigre d'alcool
5 cl de fumet de poisson (p. 16)
150 g de beurre
Sel, poivre.

Réduire à 5 cl le mélange fumet, vinaigre, jus d'orange. Monter la sauce au beurre et assaisonner.

Pour St Pierre, lotte, sole. On pourra ajouter à la sauce quelques zestes d'orange blanchis. Décorer le plat ou l'assiette avec des tranches ou des quartiers d'orange cannelée.

Pour 1/2 l.
Prép. : 5 mn.
Cuisson : 15 mn.

Sauce anchois

4 dl de sauce normande (p. 91)
60 g de beurre d'anchois
25 g d'anchois lavés et taillés en dés
Sel, poivre.

Ajouter le beurre et les dés d'anchois à la sauce normande. Vérifier l'assaisonnement.

Pour les poissons de mer à chair blanche cuits au four ou pochés.

Pour 3 dl.
Prép. : 5 mn.
Cuisson : 15 mn.

Sauce bourride

1/4 l de soupe de poisson
2 dl de crème liquide
3 cl de pastis
Quelques pistils de safran
Quelques gouttes de tabasco
1 cuil. à soupe d'aïoli (p. 53)
Sel, poivre.

Cuire la crème avec la soupe et réduire à la bonne consistance. Ajouter le pastis, le safran, le tabasco et l'aïoli délayé avec un peu de soupe, mélanger et ne plus faire bouillir. Vérifier l'assaisonnement.

Prévoir une casserole assez grande pour la réduction. Attention, elle a tendance à déborder, baisser le feu.

Pour accompagner un loup principalement, mais aussi les poissons qui composent une bourride à la provençale.

Pour 1/2 l.	
Prép. : 25 mn.	
Cuisson : 45 mn.	

Sauce bretonne

60 g de beurre
1 petit blanc de poireau taillé en julienne
30 g de céleri rave taillé en julienne
1/2 oignon ciselé fin
2 têtes de champigons de Paris crus taillés en julienne
1/3 l de velouté de poisson (p. 98)
7 cl de crème liquide
Sel, poivre.

Faire fondre la moitié du beurre, y ajouter l'oignon, les juliennes de poireaux, de céleris et de champignons. Laisser étuver doucement à couvert. Remuer de temps à autre. Ajouter le velouté de poisson et la crème. Cuire 5 minutes. Mettre la sauce à point en y ajoutant le beurre restant en morceaux et en remuant. Vérifier l'assaisonnement.

Pour servir avec des poissons braisés entiers au four.

Idéal avec un turbot ou un loup.

Pour faciliter le service, nous vous recommandons de préparer la sauce un peu à l'avance et de la tenir au chaud au bain-marie (beurrer le dessus).

Pour 4 dl.	
Prép. : 15 mn.	
Cuisson : 10 mn.	

Sauce canotière

1/3 l de court-bouillon (p. 15)
25 g de roux blond (p. 25)
40 g de beurre frais
Sel, poivre.

Cette sauce convient particulièrement à un poisson d'eau douce cuit au court-bouillon.

Couvrir le poisson de la quantité nécessaire de court-bouillon. Cuire à terme.

Passer le court-bouillon au chinois, mesurer 1/3 l, porter à ébullition et ajouter le roux blond. Cuire 5 minutes et ajouter le beurre pour mettre à point en remuant. Vérifier l'assaisonnement.

Cuire le poisson au court-bouillon.

Le réserver. Passer le court-bouillon au chinois. Porter à ébullition. Lier avec le roux.

Ajouter le beurre et assaisonner.

Pour 1/2 l.
Prép. : 20 mn.
Cuisson : 40 mn.

Sauce Edgard

1 dl de vin blanc
1 dl de madère
3 dl de velouté de poisson (p. 98) ou de veau (p. 106)
40 g d'amandes grillées en grains
80 g de perles de carottes cuites
Sel, poivre.

Réduire le vin de moitié. Ajouter le madère et le velouté de poisson, cuire jusqu'à la bonne consistance, ajouter les amandes et les perles de carottes. Vérifier l'assaisonnement.

Les perles de carottes se préparent avec un instrument spécial appelé "cuillère à perles" mais on pourra également choisir de les tailler en très petits dés. Pour cela cuire une carotte entière et la tailler après cuisson.

Cette sauce accompagnera bien des cuisses de grenouilles, les queues de langoustines décortiquées, des gambas ou un filet de poisson blanc.

Pour 8 dl.
Prép. : 25 mn.
Cuisson : 40 mn.

Sauce genevoise

1/2 l de bon vin rouge
1 l de sauce espagnole (p. 137)
1/4 l de fumet de poisson (p. 16)
1 oignon
1 carotte
80 g de beurre
2 anchois hachées
Sel, poivre.

Faire revenir l'oignon et la carotte émincée au beurre. Ajouter 1/4 l de vin rouge, réduire de moitié. Ajouter la sauce espagnole, réduire de moitié. Ajouter le quart de litre de vin restant et le fumet, réduire à nouveau jusqu'à la bonne consistance. Mettre la sauce au point avec 50 g de beurre et les anchois. Passer au chinois. Vérifier l'assaisonnement.

Une des meilleures sauces de la cuisine française, elle accompagnera parfaitement truite, saumon ou omble-chevalier.

Pour 4,5 dl.
Prép. : 20 mn.
Cuisson : 30 mn.

Sauce matelote

1,5 dl de court-bouillon de poisson au vin rouge (p. 15)
3 champignons de Paris crus
4 dl de sauce espagnole (p. 137)
80 g de beurre
Sel, poivre du moulin.

Réduire des 2/3 le court-bouillon avec les champignons émincés. Ajouter la sauce espagnole, donner un bouillon, ajouter en fouettant le beurre en morceaux et passer au chinois. Vérifier l'assaisonnement.

Pour des poissons cuits entiers à la poêle (truite, merlan).

Pour 4,5 dl.
Prép. : 30 mn.
Cuisson : 35 mn.

Sauce meurette au vin

150 g d'oignons émincés
2 gousses d'ail hachées
30 g de beurre
30 g de farine
2,5 dl de bon vin blanc ou rouge
3 dl de fumet de poisson (p. 16)
50 g de beurre
Sel, poivre.

Faire revenir au beurre les oignons et l'ail pour les rendre translucides. Ajouter la farine, mélanger. Ajouter le vin, laisser réduire de moitié puis ajouter le fumet. Cuire quelques minutes. Passer au chinois. Mettre la sauce au point avec 50 g de beurre frais. Vérifier l'assaisonnement.

Pour poissons tels que : cabillaud, colin, filet de merlan, julienne, aiglefin.

Pour 4,5 dl.
Prép. : 15 mn.
Cuisson : 15 mn.

Sauce mouclade

2 dl de fumet de moule
2 dl de crème liquide
3 jaunes d'œufs
Safran (facultatif)
Poivre, sel.

Porter le fumet et la crème à ébullition, ajouter le safran, les jaunes d'œufs délayés avec un peu de crème froide et cuire la sauce à très petit feu pour la lier comme une crème anglaise. La sauce ne doit plus bouillir. Vérifier l'assaisonnement.

A partir de cette sauce, on peut en préparer d'autres en y ajoutant des herbes, de la concassée de tomates, du curry, de l'oseille, des dés de légumes, des algues.

Pour 4,5 dl.
Prép. : 20 mn.
Cuisson : 25 mn.

Sauce oursin

4 dl de sauce velouté de poisson (p. 98)
20 oursins.

Ouvrir les oursins, retirer les parties comestibles et les incorporer à la sauce. Bien mélanger.

On pourra aussi passer la sauce au chinois si on le désire.

Cette sauce convient particulièrement à des crustacés et à des poissons nobles : lotte, turbot, sole.

Dans certains magasins spécialisés, on peut trouver du corail d'oursin en boîte. Dans ce cas, ajouter également le jus à la sauce.

Pour 3 dl.
Prép. : 5 mn.
Cuisson : 15 mn.

Sauce normande

1/4 l de velouté de poisson (p. 98)
5 cl de jus de cuisson de champignons
Le jus d'1/4 de citron
2 jaunes d'œufs
5 cl de crème liquide
5 cl de crème double
40 g de beurre
Sel, poivre.

Ajouter au velouté de poisson la crème liquide, le jus de citron, les jaunes et le jus de cuisson des champignons. Réduire la sauce d'1/3. La passer au chinois, ajouter la crème double et le beurre ; vérifier l'assaisonnement.

A utiliser bien sûr avec la sole à la normande mais aussi pour d'autres poissons fins comme la lotte.

Pour 4 dl.
Prép. : 10 mn.
Cuisson : 10 mn.

Sauce poisson à la bière

1/2 l de bière
60 g de beurre
1/4 l de crème
2 échalotes hachées
Sel, poivre.
120 g de beurre.

Poser le ou les poissons à cuire dans une plaque beurrée allant au four et parsemée d'échalotes. Ajouter la bière, couvrir d'un papier aluminium et enfourner.

En fin de cuisson, passer le bouillon au chinois dans une petite casserole, ajouter la crème et réduire à la nappe. Monter la sauce au beurre. Assaisonner et servir sans attendre.

Essayer avec des limandes, c'est excellent.

Pour 4 dl.
Prép. : 15 mn.
Cuisson : 15 mn.

Sauce poisson aux herbes

2 échalotes hachées
1 branche d'estragon hachée
2 dl de bon vin blanc
2,5 dl de crème fraîche
6 feuilles d'oseille ciselées
50 g de beurre
Sel, poivre.

Faire suer les échalotes dans une petite noix de beurre. Ajouter le vin, cuire 2 minutes, ajouter la crème, l'oseille et l'estragon. Réduire à la nappe. Ajouter le beurre en petits morceaux. Rectifier l'assaisonnement.

Cette sauce très fine accompagnera bien des noix de St Jacques. Dans ce cas, faites cuire les coraux très doucement dans la sauce. Si cette sauce est servie avec une escalope de saumon, ajoutez-y des œufs de saumon en fin de cuisson.

Veillez à hacher très finement les échalotes.

Cette sauce se réalise facilement après la cuisson du poisson. Dégraisser la poêle après y avoir fait revenir les échalotes. Terminer la sauce directement dans la poêle.

Pour 3 dl.
Prép. : 20 mn.
Cuisson : 25 mn.

Sauce au passe-pierre

2 échalotes hachées
7 cl de jus de coquillages ou de fumet (p. 16)
150 g de beurre
100 g de passe-pierre cuit
Sel, poivre du moulin
5 cl de bon vin blanc sec.

Réduire le jus des coquillages avec le vin et les échalotes à 5 cl. Monter au beurre (voir le principe p. 64). Assaisonner, ajouter le passe-pierre cuit et éventuellement les coquillages selon la recette.

Pour accompagner des coquillages chauds.

Pour 2 dl.
Prép. : 10 mn.
Cuisson : 1 h.

Sauce poisson aux deux poivres

de fumet de poisson (p. 16)
de beurre frais
à soupe de glace de
(p. 23)
de champignons de Paris
ent émincés
il. à café de poivre vert
uil à café de poivre rose
Sel, poivre.

Faire sauter les champignons dans 30 g de beurre jusqu'à ce que toute l'eau de végétation soit évaporée. Les réserver.

Faire réduire le fumet de poisson à 5 cl. Monter la sauce au beurre. Ajouter la glace de viande, les champignons, les deux poivres. Vérifier l'assaisonnement.

Cette sauce convient pour un thon, une lotte ou un St Pierre.

Les poivres vert et rose se trouvent très facilement dans les grandes surfaces. Ils se présentent lyophilisés.

Pour 4 dl.
Prép. : 20 mn.
Cuisson : 30 mn.

Sauce poisson au St Marcellin

1/2 St Marcellin (60 g)
1,5 dl de fumet de poisson (p. 16)
1,5 dl de crème liquide
25 g de roux blond ou de beurre manié (p. 25)
30 g de beurre frais
Sel, poivre.

Mettre le fumet, la crème et le fromage dans une casserole, chauffer l'ensemble pour faire fondre le fromage puis passer au chinois et lier la sauce avec le roux. Cuire quelques minutes puis ajouter le beurre frais en flocons. Vérifier l'assaisonnement.

Cette sauce délicate accompagne bien un filet de poisson blanc fin tel que le sabre, la saumonnette, le brochet ou le sandre.

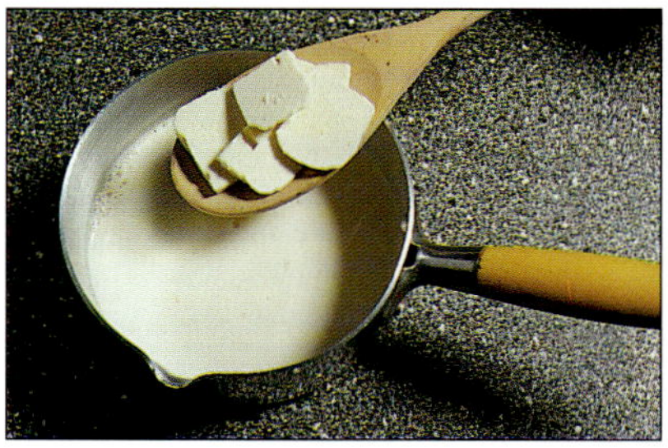

Pour 2 dl.
Prép. : 40 mn.
Cuisson : 30 mn.

Sauce poisson marchand de vin

2,5 dl de fumet de poisson (p. 16)
130 g de beurre marchand de vin (p. 35)
Sel, poivre.

Réduire le fumet de poisson à 5 cl puis monter la sauce au beurre (p. 64). Vérifier l'assaisonnement.

Si l'on est limité par le temps, on pourra faire réduire de moitié 1 dl de bon vin rouge avec une échalote hachée, ajouter le fumet, réduire à 5 cl puis monter la sauce au beurre frais et la passer au chinois.

Si possible utiliser le fumet de poisson au vin rouge (p. 16).

Cette sauce est idéale pour accompagner un poisson fin comme la vive , la perche ou l'omble chevalier.

Cette sauce se réalise très facilement au dernier moment surtout si elle doit accompagner un poisson braisé au four. Utiliser dans ce cas-là, le fumet de la cuisson du poisson.

Pour 1/2 l.
Prép. : 20 mn.
Cuisson : 40 mn.

Sauce poisson au vin rouge

1/4 l de bon vin rouge
1/4 l de fumet de poisson (p. 16)
12 cl de crème liquide
20 g de roux blond
30 g de beurre
Assaisonnement.

Réduire de moitié le vin rouge, l'ajouter au fumet avec la crème. Lier la sauce avec le roux et cuire à petit feu jusqu'à la bonne consistance. Vérifier l'assaisonnement, ajouter le beurre en flocons et passer au chinois. Utiliser aussitôt ou réserver au bain-marie ; dans ce cas, beurrer le dessus de la sauce.

Cette sauce accompagnera bien une anguille, un sandre, une rascasse, un grondin ou une vive. Pour l'assaisonnement, utiliser du poivre frais moulu.

Pour cette recette, on peut utiliser un fumet au vin rouge (voir p. 15) ou utiliser le fumet de cuisson. Dans ce cas, réaliser la sauce au dernier moment. Pendant sa réalisation tenir le poisson au chaud sous une feuille de papier aluminium. On aura pris soin de ne pas surcuire le poisson pour ne pas le dessécher.

Pour 4 dl.
Prép. : 5 mn.
Cuisson : 15 mn.

Sauce poisson express

1/4 l de soupe de poisson
1/4 l de crème fraîche
3 cl de pastis
1 pointe de safran
Sel, poivre.

Mélanger les ingrédients et faire réduire jusqu'à la bonne consistance. Vérifier l'assaisonnement.

Si l'on décide de lier cette sauce par réduction, il faut la mettre dans une casserole suffisamment haute pour qu'elle ne déborde pas et la goûter régulièrement afin d'éviter qu'elle ne soit trop salée.

Cette sauce convient à tous les poissons blancs pochés ou poêlés.

Pour 1,5 dl.
Prép. : 20 mn.
Cuisson : 30 mn.

Sauce poisson minute au Noilly

1 dl de Noilly
2 échalotes
2,5 dl de fumet de poisson (p. 16)
130 g de beurre
Sel, poivre du moulin.

Ajouter les échalotes hachées au Noilly et le faire réduire de moitié. Ajouter le fumet, réduire l'ensemble à 5 cl, puis monter la sauce au beurre (p. 64). Passer au chinois et mettre l'assaisonnement à point.

Pour tous les poissons blancs ou filets de poisson blanc pochés ou braisés au four : merlan, cabillaud, vive, requin, sole.

Pour 1,5 dl.
Prép. : 15 mn.
Cuisson : 25 mn.

Sauce vanille

5 cl de vin blanc
2 dl de fumet de poisson (p. 16)
2 échalotes hachées
1 gousse de vanille
130 g de beurre
Sel, poivre du moulin.

Faire réduire à 5 cl le vin, les échalotes et le fumet avec la gousse de vanille fendue en deux dans la longueur. Retirer la vanille et monter la sauce au beurre (p. 64). Assaisonner. Passer au chinois et utiliser.

Il faut oser essayer cette recette (la vanille n'est pas sucrée) qui accompagne très bien un steack de requin ou de tortue, un filet de dorade ou de rascasse.

Pour la réalisation d'une sauce chaud-froid.

Pour 3,5 dl.
Prép. : 5 mn.
Cuisson : 25 mn.

Sauce velouté de poisson

1/3 l de fumet de poisson (p. 16)
20 g de roux (p. 25)
Sel, poivre.

Porter le fumet à ébullition. Lier avec le roux. Laisser cuire 20 minutes. Assaisonner.

Pour 5 dl.
Prép. : 10 mn.
Cuisson : 30 mn.

Sauce Bercy

2 échalotes
70 g de beurre
2 dl de vin blanc
2 dl de fumet de poisson (p. 16)
1/3 l de sauce velouté (p. 98)
Le jus d'1/2 citron
1 cuil. à soupe de persil haché
Sel, poivre.

Faire suer les deux échalotes émincées dans 20 g de beurre. Ajouter le vin blanc et le fumet. Laisser réduire des 2/3.

Ajouter la sauce velouté, le citron, le persil et le beurre en morceaux. Fouetter. Rectifier l'assaisonnement.

Faire suer les échalotes avec du beurre. Ajouter le vin blanc et le fumet.

Laisser réduire des 2/3.

Ajouter le reste des ingrédients. Fouetter.

Pour 3 dl.
Prép. : 20 mn.
Cuisson : 25 mn.

Sauce vin blanc

1/4 l de sauce velouté de poisson (p. 98)
5 cl de fumet de poisson (p. 16)
1 jaune d'œuf
40 g de beurre
Sel, poivre.

Ajouter le fumet au velouté et réduire le tout de 1/3. Hors du feu ajouter le jaune d'œuf. Mettre la sauce à point en y ajoutant le beurre en flocons. Vérifier l'assaisonnement.

Une autre variante de cette sauce consiste à mélanger 2 dl de velouté de poisson avec 4 cuillerées à soupe de sabayon à base de fumet de poisson (p. 16).

Pour accompagner les poissons en général.

Pour 2 dl.
Prép. : 20 mn.
Cuisson : 15 mn.

Sauce vin rouge aux écrevisses

1/4 l de bon vin rouge
120 g de beurre d'écrevisses (p. 32)
10 queues d'écrevisses cuites décortiquées
Sel, poivre du moulin.

Réduire le vin à 5 cl. Monter la sauce avec le beurre. Ajouter les queues d'écrevisses, vérifier l'assaisonnement.

Pour accompagner des poissons de mer fins (saumon, vive, rascasse).

LES SAUCES BLANCHES

Pour 3,5 dl.
Prép. : 15 mn.
Cuisson : 15 à 20 mn.

Sauce béchamel

1/4 l de lait
80 g de beurre
30 g de farine
Sel, poivre, muscade.

Porter le lait assaisonné à ébullition. Faire fondre 40 g de beurre à feu doux. Ajouter la farine. Mélanger. Cuire quelques minutes en remuant à feu doux sans laisser prendre couleur. Laisser un peu refroidir. Verser la moitié du lait bouillant en plusieurs fois et en remuant vigoureusement. Remettre dans la casserole. Cuire 10 minutes à feu doux en remuant régulièrement.

Passer au chinois dans une casserole propre. Beurrer la surface avec le reste de beurre pour éviter la formation d'une pellicule.

Il existe de très nombreuses sauces élaborées à partir de cette recette de base.

Préparer le roux.

Ajouter la moitié du lait bouillant en remuant.

Cuire sur feu doux en remuant.

Passer au chinois et beurrer la surface.

Pour 3,5 dl.
Prép. : 5 mn.

Sauce aurore

1/4 l de sauce béchamel (p. 101)
1 dl de sauce tomate (p. 22) très réduite.

Ajouter la tomate à la sauce béchamel.

On peut remplacer la sauce tomate par une cuillerée de concentré de tomate.

Pour 4 dl.
Prép. : 10 mn.

Sauce avocat

1 petit avocat bien mûr
Le jus d'un citron
1/4 l de sauce béchamel (p. 101)
Sel, poivre.

Eplucher puis mixer la chair de l'avocat avec le jus de citron. Mélanger cette pulpe à la béchamel. Assaisonner.

A utiliser rapidement.

Pour 3 dl.
Prép. : 10 mn.
Cuisson : 5 mn.

Sauce citron

1/4 l de sauce béchamel (p. 101)
Le jus de 2 citrons
Le zeste d'un citron.

Ajouter le jus de citron et le zeste taillé en fine julienne et blanchi.

Pour 3,5 dl.
Prép. : 5 mn.

Sauce mornay

1/4 l de sauce béchamel (p. 101)
60 g de gruyère râpé
1 jaune d'œuf.

Ajouter le gruyère râpé et le jaune d'œuf à la sauce béchamel bien chaude.

Pour 4 dl.
Prép. : 10 mn.

Sauce roquefort

1/4 l de sauce béchamel (p. 101)
150 g de roquefort
40 g de noix concassées
Poivre.

Mélanger la béchamel, le roquefort écrasé et les noix. Poivrer.

Pour 1/2 l.
Prép. : 15 mn.
Cuisson : 20 mn.

Sauce soubise

1/4 l de sauce béchamel (p. 101)
20 g de beurre
150 g d'oignons
1 dl de crème fraîche
Sel, poivre.

Eplucher et émincer les oignons. Les blanchir 1 minute à l'eau bouillante salée.

Faire fondre la noix de beurre. Y faire revenir rapidement et sans coloration les oignons égouttés. Ajouter la béchamel et laisser cuire 10 minutes. Passer la sauce au tamis. Détendre avec la crème.

Laisser mijoter à petit feu en remuant jusqu'à obtention de la consistance voulue. Assaisonner.

Pour 5 dl.
Prép. : 20 mn.
Cuisson : 15 mn.

Sauce écossaise

1/3 l de sauce crème (p. 104)
80 g de carotte taillée en très petits dés
1/2 oignon finement ciselé
50 g de céleri-rave taillé en très petits dés
6 pièces de haricots verts cuits tronçonnés finement
30 g de beurre
Sel, poivre.

Mettre le beurre à fondre, ajouter la carotte, le céleri-rave, l'oignon et cuire à couvert en remuant de temps en temps. Ajouter les dés de haricots verts cuits et la sauce crème, cuire quelques minutes puis servir. Goûter l'assaisonnement.

Pour accompagner des volailles ou des œufs.

Préparer des œufs mollet, les napper de cette sauce, saupoudrer de fromage râpé. Gratiner.

Pour 3,5 dl.
Prép. : 5 mn.
Cuisson : 10 mn.

Sauce crème

1/4 l de sauce béchamel (p. 101)
1 dl de crème fraîche liquide
Sel, poivre.

Ajouter la crème à la sauce béchamel. Remuer.

Réduire la sauce à bonne consistance sur feu très doux. Assaisonner.

Pour 2,5 dl.
Prép. : 10 mn.
Cuisson : 15 mn.

Sauce moutarde au pavot

1/4 l de sauce crème (p. 104)
1 cuil. à soupe rase moutarde
1 cuil. à soupe de pavot bleu.

Préparer la sauce crème, retirer du feu, ajouter la moutarde et le pavot.

Pour accompagner une côte de porc, un rôti de porc parfumé au cumin ou des œufs.

Pour 3,5 dl.
Prép. : 25 mn.
Cuisson : 25 mn.

Sauce velouté

1/3 l de fond blanc de veau (p. 20)
20 g de roux (p. 25)
Sel, poivre du moulin.

Porter le bouillon à ébullition, le lier avec le roux. Cuire 20 minutes. Passer la sauce au chinois, rectifier l'assaisonnement.

On procèdera de même pour un velouté de volaille ou de poisson.

Lier le bouillon avec le roux.

Cuire 20 minutes, passer au chinois et assaisonner.

Pour 6 dl.
Prép. : 10 mn.
Cuisson : 10 mn.

Sauce chaud-froid

1/2 l de sauce velouté (p. 106)
8 dl de gelée liquide.

Mélanger la sauce velouté et 1/2 l de gelée liquide. Réduire de 1/3 à feu doux. Retirer du feu, laisser prendre consistance. Dès que la sauce commence à épaissir, napper les mets disposés sur une grille. Les réserver ensuite au réfrigérateur pour bien faire prendre la sauce. Les napper une seconde fois d'une nouvelle couche de sauce. Remettre au frais et décorer selon votre goût après la prise complète. Luster ensuite avec de la gelée mi-prise.

On peut colorer cette sauce avec du jus de persil passé à la centrifugeuse, de la sauce tomate concentrée ou de la glace de viande pour avoir une sauce blonde.

On peut utiliser des sauces brunes ou blondes. Les proportions restent les mêmes, seule l'utilisation sera différente.

On utilisera une sauce chaud-froid blanche ou colorée pour une volaille ou un poisson (dans ce dernier cas, la réaliser avec un velouté de poisson).

On utilisera la sauce chaud-froid brune pour une viande brune, caille, pintadeau, canard.

Mélanger la gelée et la sauce velouté. Faire réduire. Laisser refroidir jusqu'à la consistance souhaitée.

Glacer deux fois les pièces à décorer placées sur une grille.

Placer le décor. Napper de gelée. Réserver au frais.

Pour 4 dl.
Prép. : 40 mn.
Cuisson : 40 mn.

Sauce chivry

7 cl de bon vin blanc
1 pincée de feuilles de persil
1 pincée de ciboulette
1 pincée de cerfeuil
1 pincée de pimprenelle
1 pincée d'estragon
1/3 l de sauce velouté (p. 106)
40 g de beurre à la chivry (p. 35)
Sel, poivre.

Porter le vin à ébullition. Jeter les herbes, arrêter le feu, couvrir la casserole et laisser infuser 10 minutes. Passer au chinois, récupérer le maximum de jus. L'ajouter à la sauce velouté. Cuire 5 minutes à petit feu. Mettre la sauce à point hors du feu en y ajoutant le beurre en flocons. Assaisonner.

Pour servir avec des volailles pochées.

Pour 4 dl.
Prép. : 20 mn.
Cuisson : 25 mn.

Sauce hongroise

1 oignon haché
60 g de beurre
1 cuil. à moka de paprika
1/3 l de sauce velouté (p. 106)
Sel, poivre.

Faire revenir l'oignon avec 20 g de beurre. Ajouter le paprika, cuire quelques secondes, ajouter la sauce velouté et cuire 5 minutes. Passer au chinois. Mettre la sauce à point en ajoutant le beurre restant en flocons. Vérifier l'assaisonnement.

Pour accompagner des œufs, des volailles, de l'agneau, du veau, du poisson (dans ce cas, réaliser la sauce velouté avec du fumet de poisson).

Pour 5,5 dl.
Prép. : 5 mn.

Sauce albuféra

4 dl de sauce velouté (p. 106)
1,5 dl de glace de viande (p. 23).

Mélanger soigneusement les deux préparations chaudes.

Pour 5,5 dl.
Prép. : 5 mn.

Sauce aurore

4 dl de sauce velouté (p. 106)
1,5 dl de sauce tomate (p. 151).

Mélanger les deux préparations avec soin.

Pour 3 dl.
Prép. : 10 mn.
Cuisson : 20 mn.

Sauce poulette

1,5 dl de bouillon de veau
1,5 dl de jus de cuisson de champignons
20 g de roux (p. 25)
Le jus d'1/2 citron
Sel, poivre.

Mélanger le bouillon et le jus de cuisson des champignons.

Lier avec le roux et laisser cuire 20 minutes. Passer la sauce au chinois, ajouter le jus de citron et assaisonner.

Pour 5 dl.
Prép. : 10 mn.
Cuisson : 10 mn.

Sauce ravigote

2 échalotes
20 g de beurre
5 cl de vinaigre
1 dl de bon vin blanc
4 dl de sauce velouté (p. 106)
1 cuil. à soupe d'herbes hachées (persil, cerfeuil, ciboulette, estragon).

Faire suer les deux échalotes épluchées et émincées avec le beurre. Ajouter le vinaigre et le vin blanc. Laisser réduire de moitié. Ajouter la sauce velouté et les herbes.

Pour 5 dl.
Prép. : 10 mn.
Cuisson : 10 mn.

Sauce suprême

1/3 l de fond blanc de volaille (p. 18)
20 g de roux (p. 25)
2 dl de crème fraîche
60 g de beurre
Sel, poivre.

Préparer un velouté avec le fond et le roux.

Ajouter la crème. Réduire à la bonne consistance puis ajouter le beurre en morceaux.

Assaisonner.

Pour 3 dl.
Prép. : 5 mn.
Cuisson : 25 mn.

Velouté de volaille

1/3 l de fond blanc de volaille (p. 18)
20 g de roux (p. 25)
Sel, poivre.

Porter le fond à ébullition. Lier avec le roux.
Laisser cuire 20 minutes. Assaisonner.

Pour 4 dl.
Prép. : 15 mn.
Cuisson : 15 mn.

Crème de champignons

250 g de champignons de Paris
1,5 dl de crème
Le jus d'1/2 citron
1 dl d'eau
Sel, poivre du moulin.

Cuire les champignons lavés à couvert dans l'eau et le jus de citron. Mixer l'ensemble en fin de cuisson, ajouter la crème et vérifier l'assaisonnement.

Cette sauce se sert froide pour accompagner des terrines, des viandes froides, du poisson ou chaude avec de la viande de bœuf grillée, une escalope de veau ou de volaille.

Pour 2,5 dl.
Prép. : 10 mn.
Cuisson : 10 mn.

Crème de basilic

1/4 l de crème liquide
2 tomates émondées, épépinées et taillées en petits dés
Quelques feuilles de basilic ciselées
80 g de haricots verts cuits et tronçonnés de la même taille que les tomates
Sel, poivre.

Réduire la crème à la nappe, assaisonner, ajouter les haricots, les dés de tomates et le basilic, assaisonner.

Utiliser de préférence des haricots verts frais. Il faut les jeter dans de l'eau bouillante bien salée, les égoutter en fin de cuisson et les plonger aussitôt dans de l'eau glacée afin que ceux-ci restent bien verts.

Cette sauce accompagne des préparations d'agneau poêlé ou rôti. Déglacer la poêle ou la plaque de cuisson. Incorporer le jus à la sauce. Mettre à la bonne consistance par réduction.

Pour 4 dl.
Prép. : 15 mn.
Cuisson : 20 mn.

Coulis de navet

200 g de navets épluchés
2 dl de crème
1 gousse de vanille
3 dl de fond de veau (p. 20) de volaille ou de fumet de poisson (p. 16)
Sel, poivre.

Faire chauffer la crème avec la vanille fendue en deux dans la longueur. Ajouter le bouillon. Laisser infuser, réserver.

Emincer les navets, les cuire à l'eau salée et les égoutter en fin de cuisson. Les mixer, ajouter le précédent liquide et retirer la vanille. Remettre sur le feu pour réduire d'1/3. Assaisonner.

Pour accompagner une viande blanche ou un poisson selon le liquide choisi.

Pour avoir une sauce diététique, remplacer la crème par du lait écrémé (réduire un peu la quantité de lait, le coulis serait trop liquide).

Pour 2 dl.
Prép. : 10 mn.
Cuisson : 10 mn.

Coulis aux herbes

1/4 l de crème
50 g de persil, cerfeuil, ciboulette
Sel, poivre.

Porter la crème à ébullition, ajouter les herbes et cuire 10 minutes à petit feu. Mixer, passer au chinois et assaisonner. Servir chaud ou tiède.

Cette sauce accompagne les poissons crus marinés, les tartares, le carpaccio.

Pour 3,5 dl.
Prép. : 15 mn.
Cuisson : 50 mn.

Sauce aigre-douce

10 échalotes grises
2 dl de lait
30 g de beurre
1 cuil. à café de sucre
5 cl de vinaigre
2,5 dl de crème
Sel, poivre.

Blanchir dans le lait les échalotes épluchées. Les égoutter, les rincer et les sauter au beurre. Ajouter le sel, le poivre, le sucre. Cuire 30 minutes à four très doux.

Piler les échalotes, ajouter le vinaigre et réduire à sec. Ajouter la crème, cuire 10 minutes. Passer au chinois en pressant pour obtenir le maximum de sauce.

Pour un magret de canard ou une entrecôte.

Pour 4 dl.
Prép. : 2 mn.
Cuisson : 5 mn.

Sauce anisée

2 dl de pastis
3 dl de crème
Sel, poivre.

Dégraisser la poêle de cuisson, déglacer avec le pastis, ajouter la crème et laisser réduire à la bonne consistance. Assaisonner, passer au chinois sur la viande.

La perfection dans la simplicité.

Pour accompagner des grillades d'agneau.

Pour 5,5 dl.
Prép. : 10 mn.
Cuisson : 10 mn.

Sauce avocat

1 avocat épluché et coupé en morceaux
Le jus d'1/2 citron
6 cl de bon vinaigre
3 dl de fond blanc (p. 20)
Sel, poivre.

Chauffer tous les ingrédients, mixer, passer au chinois et assaisonner. Cuire jusqu'à la bonne consistance et utiliser.

Réaliser cette sauce à la dernière minute de préférence pour que celle-ci garde sa belle couleur. Utiliser un bon avocat bien mûr, sans tache et bien vert.

Cette sauce accompagne toutes les préparations d'agneau grillé.

Pour 3,5 dl.
Prép. : 15 mn.
Cuisson : 10 mn.

Sauce au bleu

100 g de bleu
1 petite pomme fruit (80 g de chair)
1 dl de fond blanc (p. 20)
1 dl de crème
Sel, poivre.

Mélanger tous les ingrédients, cuire à petit feu quelques minutes, puis mixer et passer au chinois. Assaisonner.

Pour une viande de veau, volaille ou bœuf poêlée ou grillée.

Le roquefort convient également très bien pour cette sauce, on pourra même y ajouter quelques brisures de noix en dernier.

Pour 5 dl.
Prép. : 15 mn.
Cuisson : 5 mn.

Sauce au beurre de fèves

200 g de fèves cuites
5 cl de Noilly
2 échalotes hachées
3 cl de vinaigre
1/4 l de crème
Sel, poivre.

Tailler 50 g de fèves en petits dés. Mixer le reste et le passer au tamis.

Réduire de moitié le Noilly avec les échalotes et le vinaigre. Ajouter la purée de fèves et la crème. Assaisonner. Ajouter les petits dés de fèves, mélanger.

Pour une viande blanche poêlée ou grillée.

Pour 4 dl.
Prép. : 15 mn.
Cuisson : 15 mn.

Sauce aux infusions

1/3 l de fond blanc (p. 20) ou d'eau
3 sachets d'infusion de votre choix (tilleul, verveine, etc).
1 dl de crème allégée
25 g de roux (p. 25)
Sel, poivre

Porter le fond ou l'eau à l'ébullition. Retirer du feu. Laisser infuser 5 minutes l'infusion choisie. Remettre à cuire, lier avec le roux et cuire jusqu'à la bonne consistance. Ajouter la crème après cuisson et hors du feu (la crème allégée tourne à ébullition). Assaisonner. Passer au chinois.

Pour servir avec une viande bouillie (utiliser la cuisson de celle-ci pour réaliser la sauce) ou une viande blanche poêlée, cuite dans une poêle antiadhésive.

Pour 3 dl.
Prép. : 20 mn.
Cuisson : 1 h 30 mn.

Sauce au foin

Pour un poulet ou un gigot d'agneau ou un jambon :

2 oignons
2 carottes
2 feuilles de laurier
2 clous de girofle
1 cuil. à soupe de coriandre
200 g de foin
2 dl de crème
10 g de beurre manié (p. 25)
Sel, poivre.

Remplir une grande casserole d'eau. Ajouter les oignons, les carottes, le laurier, les clous de girofle, la coriandre et le foin. Cuire 1/2 heure puis ajouter la viande et la cuire à terme (45 minutes pour un poulet, 50 minutes à 1 heure pour un gigot, et 3 à 4 heures pour un jambon).

En fin de cuisson, retirer et réserver la viande. Prélever 1,5 dl de bouillon de cuisson. Ajouter la crème, le beurre manié, cuire à petit feu quelques instants. Assaisonner, passer au chinois.

Pour 3,5 dl.
Prép. : 20 mn.
Cuisson : 15 mn.

Sauce à la noix de coco

120 g de noix de coco râpée
1/3 l de fond blanc (p. 20)
10 g de roux
1 dl de crème
Sel, poivre.

Porter le fond à ébullition. Ajouter la noix de coco, retirer du feu, couvrir la casserole et laisser infuser 10 minutes. Passer l'ensemble au chinois en pressant fortement. Porter à ébullition. Lier avec le roux et cuire 5 minutes. Ajouter la crème ; cuire jusqu'à la bonne consistance, vérifier l'assaisonnement.

Pour des préparations exotiques de viande, par exemple, un poulet à l'antillaise.

Convient aussi à des préparations exotiques de poisson. Dans ce cas, remplacer le fond par du fumet de poisson (p. 16).

Pour 3 dl.
Prép. : 15 mn.
Cuisson : 20 mn.

Sauce aux oignons confits

120 g d'oignons émincés
50 g de beurre
3 cl de vinaigre
5 cl de vin blanc
1/4 l de crème
Sel, poivre.

Dorer légèrement les oignons au beurre. Ajouter le vinaigre et le vin blanc, réduire des 3/4. Ajouter la crème et cuire la sauce jusqu'à la bonne consistance. Assaisonner.

Pour accompagner des andouillettes, cervelles, langues.

On pourra aussi ajouter un peu de moutarde en dernier hors du feu.

Pour 3 dl.
Prép. : 15 mn.
Cuisson : 1 mn.

Sauce persil

50 g de persil
1/4 l de crème
3 cl de vinaigre
Sel, poivre.

Blanchir le persil quelques secondes à l'eau bouillante, l'égoutter, le presser et le hacher. Presser le persil au chinois pour retirer un maximum de jus. L'incorporer à la crème, ajouter le vinaigre et l'assaisonnement.

Cette sauce accompagne les terrines froides, les légumes et les feuilletés.

On pourra réaliser cette sauce façon diététique en remplaçant la crème par du fromage blanc à 0% et du lait écrémé pour liquéfier la sauce.

Pour 5 dl. Prép. : 20 mn. Cuisson : 15 mn.	

Sauce forestière

200 g de champignons forestiers (girolles, cèpes, morilles, trompettes)
2 échalotes hachées
40 g de très petits lardons de poitrine de porc fumée
30 g de beurre
1/2 l de crème
3 cuil. à soupe de jus de viande
Sel, poivre.

Laver, trier, émincer les champignons les plus gros et les faire revenir au beurre avec les échalotes et les lardons. Ajouter la crème et le jus de viande, cuire la sauce à la bonne consistance et goûter l'assaisonnement.

Pour un tournedos, un pigeon, un magret de canard, une escalope de veau.

Dans cette sauce, nous vous suggérons d'ajouter des herbes fraîches hachées, de la concassée de tomate ou une gousse d'ail hachée.

Pour 4 dl. Prép. : 10 mn. Cuisson : 20 mn.	

Sauce fumée

3 tranches de poitrine de porc fumée taillées en petits lardons
30 g de beurre
1 petit oignon haché
1 cuil. à café de mignonette de poivre
1 feuille de laurier
1 brindille de thym
1 gousse d'ail écrasée
5 cl de vinaigre
5 cl de vin blanc
12 cl de fond de volaille (p. 18)
1/4 l de crème liquide
1 cuil. à soupe rase de moutarde
Sel, poivre.

Colorer légèrement au beurre les lardons et les oignons hachés. Ajouter le poivre, le laurier, le thym, l'ail, le vinaigre, le vin blanc et le fond. Réduire de moitié et passer au chinois. Ajouter la crème, cuire jusqu'à la nappe, ajouter la moutarde et vérifier l'assaisonnement.

A servir avec du foie de veau, côte de veau et de porc ou pour des petits pois, haricots, mange-tout, fèves.

Pour 5 dl.
Prép. : 20 mn.
Cuisson : 20 mn.

Sauce maître Guy

1,2 l de crème
80 g d'ail
Sel, poivre.

Eplucher l'ail. Cuire les gousses dans la crème. Vérifier la cuisson à l'aide d'une aiguille. Mixer l'ensemble et utiliser cette crème pour déglacer la plaque de cuisson d'un rôti d'agneau ou bien une poêle ou l'on aura cuit des côtelettes d'agneau. Réduire la sauce à la bonne consistance, assaisonner, passer au chinois.

Ne soyez pas impressionné par les 80 g d'ail, la sauce n'est pas trop forte. Essayez, c'est délicieux !

Pour 6 dl.
Prép. : 20 mn.
Cuisson : 25 mn.

Sauce tortue I

2 dl de fond blanc *(p. 20)*
1 pincée de basilic en poudre
1 pincée de marjolaine en poudre
1 pincée de sauge
1 pincée de romarin
1 pincée de thym
2 feuilles de laurier
10 grains de poivre
10 grains de coriandre
5 dl de fond brun de veau lié *(p. 21)*
5 cl de madère
Sel, poivre.

Mettre les herbes à infuser 5 minutes dans le fond blanc bouillant puis passer au chinois. Ajouter cette infusion au fond brun et réduire la sauce à la bonne consistance. Verser le madère, ne plus faire bouillir et goûter l'assaisonnement.

Un grand classique de la grande cuisine qu'il serait dommage de laisser dans les oubliettes.

Pour servir avec des pièces rôties.

Pour 5 dl.
Prép. : 15 mn.
Cuisson : 10 mn.

Sauce tortue II

4 dl de soupe de tortue (1 boîte)
20 g de roux *(p. 25)*
1 dl de crème
2 cl de madère (facultatif)
Sel, poivre.

Chauffer la soupe, ajouter la crème, le roux pour lier, cuire quelques minutes jusqu'à la bonne consistance, ajouter le madère, assaisonner.

Pour un steack de tortue, de requin, mais aussi pour des viandes blanches poêlées.

Pour 4 dl.
Prép. : 20 mn.
Cuisson : 10 mn.

Lady Curson sauce

4 dl de sauce tortue II (p. 120)
3 cuil. à soupe de crème fouettée
1 jaune d'œuf
1 cuil. à moka de curry
Sel, poivre.

Ajouter à la sauce tortue la crème fouettée dans laquelle on a incorporé un jaune d'œuf, un peu de curry, du sel et du poivre. Mélanger délicatement.

Cette sauce servira à glacer un mets.

Passer au beurre une escalope de veau recouverte d'épinards cuits. Napper de sauce et faire glacer sous le gril du four.

Pour 2,5 dl.
Prép. : 5 mn.
Cuisson : 10 mn.

Sauce vanille

2 dl de fond blanc (p. 20)
1 gousse de vanille
3 jaunes d'œufs
Sel, poivre du moulin.

Porter le fond à ébullition avec la gousse de vanille fendue en deux dans la longueur. Délayer les jaunes avec un peu de fond froid puis les verser dans le fond en ébullition. Réduire le feu au minimum. Cuire comme une crème anglaise jusqu'à la nappe. Assaisonner, retirer la vanille et servir.

Pour accompagner un poisson, on remplacera le fond blanc par du fumet de poisson (p. 16). La sauce obtenue accompagnera un steack de requin ou de tortue mais aussi toutes sortes de poissons blancs.

Servie avec une viande, nous vous recommandons une escalope de poulet, de dinde ou de veau.

LES SAUCES BRUNES

Pour 4 dl.
Prép. : 20 mn.
Cuisson : 15 mn.

Sauce à la bière

180 g d'oignons
40 g de beurre
20 g de farine
1/4 l de bière blonde
1/4 l de fond brun de veau (p. 22)
Sel, poivre
1 cuil. à café de cannelle en poudre.

Emincer finement les oignons et les cuire au beurre. Saupoudrer de farine, laisser roussir légèrement puis ajouter la bière. Réduire d'1/4. Ajouter le fond, la cannelle, le sel et le poivre du moulin. Cuire jusqu'à la consistance souhaitée.

Cette sauce est idéale pour les pièces de bœuf poêlées ou grillées : entrecôte, rumsteack, etc.

On peut aussi braiser une pièce de bœuf entière selon le même principe : dorer la viande (paleron ou aiguillette de rumsteack par exemple) puis la réserver. Cuire les oignons à la place, déglacer à la bière (supprimer la farine dans le cas présent) puis ajouter le fond (couvrir à hauteur de la viande). Cuire la pièce à couvert au four. La retirer en fin de cuisson et mettre la sauce à point en la liant avec un peu de roux ou de beurre manié.

Pour 4 dl.
Prép. : 5 mn.
Cuisson : 15 mn.

Sauce au genièvre

2 échalotes hachées
2,5 dl de bon vin rouge
2,5 dl de fond brun (p. 20)
15 grains de genièvre écrasés
100 g de beurre
Assaisonnement.

Faire réduire de moitié le vin avec les échalotes. Ajouter le fond et le genièvre. Réduire la sauce à la bonne consistance puis la monter au beurre. Rectifier l'assaisonnement. Passer au chinois.

Pour toutes les viandes de bœuf poêlées ou grillées à la dernière minute ou pour un gibier cuit au moment, des médaillons de filet de biche par exemple.

Il est important de bien écraser les baies de genièvre afin que celles-ci communiquent leur arôme à la sauce.

Si l'on dispose d'un peu de glace de viande, on pourra en ajouter une petite noix pour parfaire la sauce.

Pour 3 dl.
Prép. : 20 mn.
Cuisson : 25 mn.
Trempage : 12 h.

Sauce aux champignons secs

100 g de champignons secs
2 dl d'eau de trempage
1/4 l de fond brun (p. 20)
1/4 l de crème
50 g de beurre
2 échalotes
3 cl de fine champagne
Sel, poivre.

Faire tremper les champignons. Les nettoyer et les laver.

Faire réduire le jus filtré. Ajouter le beurre en morceaux.

Faire revenir et flamber les champignons. Les ajouter à la sauce.

La veille de la préparation, mettre les champignons à tremper dans de l'eau froide. Les égoutter le lendemain en réservant 2 dl d'eau de trempage. Les nettoyer, les parer et les laver plusieurs fois à grande eau. S'il s'agit de morilles, il faut les couper en deux dans la longueur car elles renferment du sable à l'intérieur.

Laisser reposer le jus pour que le sable se dépose dans le fond, puis le filtrer dans un autre récipient en prenant garde de ne pas y mettre le dépôt.

Faire réduire 2 dl de ce jus et le fond de viande à 1 dl en écumant de temps en temps, ajouter la crème, réduire cette sauce jusqu'à la bonne consistance puis ajouter le beurre en morceaux. Assaisonner.

Pendant ce temps, faire revenir les champignons taillés selon la grosseur désirée avec les échalotes hachées très finement. Les flamber avec la fine champagne et ajouter la précédente sauce.

Cette sauce accompagnera une viande noble : tournedos, filet mignon, filet de chevreuil, râble de lièvre. On peut lui ajouter un peu de glace de viande.

Pour 2 dl.
Prép. : 5 mn.
Cuisson : 15 mn.

Sauce aux épices

1/4 l de fond brun de veau (p. 21)
20 g de raisins secs
1 cuil. à moka de cannelle
1 cuil. à moka de curry
50 g de beurre
Sel, poivre.

Faire réduire d'1/4 le fond avec le curry, la cannelle et les raisins. Monter la sauce au beurre et assaisonner.

Pour toutes les viandes.

Pour 3 dl.
Prép. : 10 mn.
Cuisson : 20 mn.

Sauce au foie gras

2 échalotes hachées
5 cl de cognac
1 dl de madère
5 dl de fond brun (p. 20)
1 dl de crème liquide
80 g de foie gras
20 g de beurre
Sel, poivre.

Faire revenir les échalotes au beurre. Flamber au cognac, ajouter le madère puis le fond brun. Réduire de 3/4, ajouter la crème et cuire 3 minutes. Retirer du feu, ajouter le foie gras en purée et mélanger. Passer au chinois en pressant fortement ; rectifier l'assaisonnement si nécessaire et servir.

Cette sauce accompagne un magret de canard, un tournedos, du foie gras chaud, un chapon, un filet de veau.

Il est important d'ajouter le foie gras hors du feu et de ne plus faire bouillir la sauce pour ne pas la faire tourner.

Pour 3 dl.
Prép. : 10 mn.
Cuisson : 15 mn.

Sauce Banyuls

2 échalotes
1 tomate
1/4 l de bon vin rouge
5 cl de Banyuls
70 g de beurre
Sel, poivre.

Faire revenir les échalotes au beurre. Ajouter la tomate mondée et épépinée, mélanger et cuire quelques minutes pour roussir très légèrement la tomate afin d'éliminer le goût acide. Ajouter le vin et prolonger la cuisson 10 minutes. Passer la sauce au chinois. Ajouter le Banyuls et mettre la sauce à point avec le beurre. Vérifier l'assaisonnement.

Pour servir avec de la viande de bœuf grillée ou poêlée.

QUEL VIN POUR LA REUSSITE D'UNE SAUCE ?

Que faire lorsqu'une recette vous indique : déglacer avec une bouteille de vieux Chambertin.

Dans la plupart de nos recettes, nous avons mentionné : "bon vin rouge ou blanc", le choix appartient à chacun, selon son budget. Mais il est bon de rappeler qu'une "piquette" mise en bouteilles ne sera pas un grand vin et ne fera pas une bonne sauce.

Certains gastronomes déclarent qu'il faut cuisiner avec le même vin que celui qui sera bu à table.

Pour réaliser une bonne sauce avec un grand vin et sans vous ruiner, nous vous suggérons de préparer votre sauce de base avec un vin de bonne qualité, de terminer la sauce comme indiqué dans la recette et d'ajouter, hors du feu et en dernier, le grand vin de votre choix à raison de 5 cl pour 5 dl de sauce.

La cuisine est l'un des arts qui se réinvente chaque jour, car au dogme gastronomique, nul n'est tenu et il est quelquefois bon de réviser ses classiques pour ne pas scléroser son imagination et, pourquoi pas, trouver mieux que l'original.

Pour 1,2 dl.
Prép. : 20 mn.
Cuisson : 1 h.

Sauce bolognaise

500 g de viande de bœuf hachée
1 gros oignon haché
3 cl d'huile
30 g de beurre
1/2 l de sauce tomate (p. 151)
1/2 l de jus brun de veau lié (p. 21)
Sel, poivre du moulin.

Chauffer l'huile et le beurre, ajouter l'oignon puis la viande.

Ajouter la sauce tomate et le jus brun lié, cuire 45 minutes à couvert et à petit feu. Vérifier l'assaisonnement et utiliser.

Pour les traditionnels spaghettis à la bolognaise.

Pour 2 dl.
Prép. : 5 mn.
Cuisson : 5 mn.

Sauce arabica

1/4 l de sauce demi-glace (p. 136)
ou de jus de déglaçage
1 cuil. à café de café soluble
Sel, poivre.

Après avoir cuit une viande à la poêle, on peut déglacer avec la demi-glace, un peu de bouillon ou du vin blanc et faire réduire à la bonne consistance. Ajouter le café, assaisonner.

Attention, après avoir ajouté le café, il est préférable de ne plus faire bouillir la sauce car elle deviendrait amère.

Cette sauce convient bien à un filet de porc cuit entier à la poêle très doucement. L'arroser souvent de graisse de cuisson. Vers la fin de la cuisson, le badigeonner de moutarde sur toutes les faces et terminer la cuisson. Le retirer, le laisser reposer 5 minutes sur une assiette avant de le trancher. Le jus qui s'en écoule durant ce repos est mis dans la sauce.

Pour 3 dl.
Prép. : 10 mn.
Cuisson : 15 mn.

Sauce bordelaise

2 dl de bon vin rouge
1/2 feuille de laurier
1 fragment de thym
2 échalotes hachées
1/4 l de fond brun lié (p. 21)
100 g de moëlle de bœuf pochée et taillée en rondelles ou en dés
Sel, poivre.

Faire réduire de moitié le vin avec les échalotes, le laurier et le thym. Ajouter le fond brun, cuire à la bonne consistance. Assaisonner, passer au chinois, ajouter la moëlle de bœuf pochée et servir.

Une sauce traditionnelle à servir avec des pièces de bœuf poêlées ou grillées.

Pour 8 dl.
Prép. : 10 mn.
Cuisson : 15 mn.

Sauce chateaubriand

2 échalotes hachées
1,5 dl de bon vin blanc
1/4 l de fond de veau lié (p. 21)
50 g de beurre
1 cuil. à soupe de persil et d'estragon hachés
Sel, poivre.

Faire réduire de moitié le vin avec l'échalote. Ajouter le fond et cuire 5 minutes. Passer au chinois, ajouter le beurre en flocons et les herbes. Vérifier l'assaisonnement et servir.

Pour accompagner une entrecôte double, une côte de bœuf ou un chateaubriand (un chateaubriand est un morceau de filet de bœuf pour deux personnes pris dans la tête du filet).

Pour 3 dl.
Prép. : 15 mn.
Cuisson : 20 mn.

Sauce châtelaine

50 g d'oignons hachés
50 g d'amandes hachées
20 g de beurre
10 g de sucre
40 g de raisins secs
1/4 l de sauce demi-glace (p. 136)
1 cuil. à soupe de poivre rose
Cannelle
Sel, poivre.

Faire légèrement dorer au beurre les oignons avec les amandes et le sucre. Ajouter la demi-glace, les raisins, le poivre rose et cuire jusqu'à bonne consistance. Vérifier l'assaisonnement.

A servir de préférence avec un tournedos.

Essayez cette sauce, vous serez enchanté, on vous en redemandera.

Pour 1,2 l.
Prép. : 20 mn.
Cuisson : 3 h 40 mn.

Sauce chevreuil à la cannelle

1 kg de parures et d'os de chevreuil
50 g de beurre
1 oignon
1 carotte
1 branche de thym
1 feuille de laurier
2 dl de vin blanc
2 l de fond brun (p. 20)
15 grains de poivre
200 g de compote de pommes à la cannelle
1 dl de crème liquide
Sel, poivre.

Faire dorer au beurre les parures et les os de chevreuil, l'oignon et la carotte taillés en gros dés. Dégraisser, déglacer avec le vin et faire réduire de moitié. Ajouter le thym, le laurier, le fond brun, cuire 3 heures 30 minutes à très petit feu. 15 minutes avant la fin de la cuisson ajouter les grains de poivre.

Passer au chinois, ajouter la compote de pommes, mixer la sauce avec la crème et rectifier l'assaisonnement.

Principalement pour le chevreuil.

La préparation est un peu longue mais quel régal !

Pour 3 dl.
Prép. : 15 mn.
Cuisson : 3 mn.

Sauce Cumberland

6 cuil. à soupe de gelée de groseille
1/2 dl de porto
1 échalote hachée
1 orange
1 citron
1 pointe de moutarde
1 pointe de gingembre en poudre
Sel, poivre de Cayenne.

Zester 1/2 citron et 1/2 orange. Les blanchir quelques secondes avec l'échalote. Egoutter aussitôt.

Mélanger la gelée de groseille avec le porto, les zestes, l'échalote, les jus d'1/2 orange et d'1/2 citron, la moutarde, le gingembre, l'assaisonnement.

Une grande sauce classique de la cuisine française qui accompagne les terrines de gibier, les galantines et les pâtés en croûtes.

La sauce doit être un peu relevée.

Blanchir les zestes.

Mélanger tous les ingrédients.

Pour 2,5 dl.
Prép. : 10 mn.
Cuisson : 10 mn.

Sauce aux cassis

2 dl de marinade de gibier
150 g de baies de cassis
150 g de beurre
Sel, poivre.

Réduire la marinade de moitié en écumant. Ajouter les baies de cassis. Cuire quelques minutes puis passer au chinois. Réduire à 7 cl et monter la sauce avec le beurre. Vérifier l'assaisonnement.

Pour accompagner des gibiers à poils et à plumes rôtis ou poêlés au dernier moment.

Décorer le plat ou l'assiette de quelques baies de cassis.

Pour 2 dl.
Prép. : 10 mn.
Cuisson : 10 mn.

Sauce aux groseilles

3 cl de Grand Marnier
2,5 dl de crème
50 g de groseilles
Sel, poivre.

Dégraisser la poêle de cuisson puis la déglacer avec le Grand Marnier. Flamber, ajouter la crème, réduire à la bonne consistance puis ajouter les groseilles. Vérifier l'assaisonnement.

Pour accompagner une viande poêlée au moment de passer à table (escalope de veau, râble de lapin, magret de canard).

Le Grand Marnier se remplace aussi par du Cointreau ou par de la Mandarine Impériale.

Pour 3 dl.
Prép. : 20 mn.
Cuisson : 15 mn.
Trempage : 2 h.

Sauce aux figues

60 g de figues séchées
1 dl de Noilly
2 dl de fond brun de canard (p. 19)
1 dl de crème
Sel, poivre.

Mettre les figues à gonfler à l'eau tiède pendant 2 heures. Les égoutter et les mixer en purée. Les passer au tamis, les réserver.

Mélanger le Noilly et le fond brun, réduire de 3/4. Ajouter la crème, réduire à la nappe puis ajouter la purée de figues. Assaisonner.

Pour accompagner un magret de canard grillé mais aussi une tranche de foie gras ou de foie de veau poêlée.

Pour 2 dl.
Prép. : 15 mn.
Cuisson : 10 mn.

Sauce aux mûres

200 g de mûres
80 g de beurre
3 cl de vinaigre
3 cl de porto
1,5 dl de fond brun lié (p. 21)
Sel, poivre.

Faire suer 100 g de mûres avec 30 g de beurre puis déglacer avec le vinaigre et le porto. Ajouter le fond brun, cuire 5 minutes. Passer au chinois. Monter la sauce avec le beurre, ajouter les mûres restantes, mettre l'assaisonnement à point.

Pour les volailles à chair brune rôties ou poêlées : un magret de canard aux mûres par exemple.

Pour 2,5 dl.
Prép. : 10 mn.
Cuisson : 30 mn.

Sauce aux pêches

4 pêches fraîches ou en conserve
6 dl de fond brun (p. 20)
160 g de beurre.

Dorer les pêches au beurre. Ajouter le fond et cuire 25 minutes. Mixer, passer au chinois, réduire à 1 dl et monter la sauce au beurre. Vérifier l'assaisonnement.

Pour un canard aux pêches. Décorer le plat de quelques pêches dorées au beurre.

Pour 7 dl.
Prép. : 5 mn.
Cuisson : 25 mn.

Sauce rouge

30 g de sucre + 3 cl de vinaigre
1 l de bon vin rouge
1 bâton de cannelle
Sel, poivre
50 g de myrtilles
50 g d'airelles.

Préparer un caramel avec le sucre et le vinaigre. Le décuire avec le vin, ajouter la cannelle et cuire jusqu'à obtenir une consistance sirupeuse. Ajouter les airelles et les myrtilles, mettre l'assaisonnement à point. Retirer la cannelle, passer au chinois.

Cette sauce accompagne les viandes aux fruits, tout gibier à poils et à plumes.

En saison, utiliser des fruits frais.

On pourra ajouter à cette sauce une noix de glace de viande.

LES EPICES ET LES HERBES

L'origan : cette herbe est très aromatique. On la trouve très souvent à l'état sec, broyée ou moulue.

L'estragon : on le conserve très bien dans le vinaigre. Il vous sera utile dans de nombreux cas. Il s'agit de l'un des arômes essentiels de la sauce béarnaise. Il se cultive très bien en miniature dans un pot de fleurs.

Le persil : utilisez ses tiges pour confectionner des bouquets garnis. Il en existe deux sortes : le plat et le frisé.

Le romarin : il est très utilisé pour les préparations de volaille et de lapin mais aussi dans certaines sauces. On peut le faire sécher, mais cette herbe typiquement méditerranéenne est préférable à l'état frais.

Le thym : il s'agit d'une herbe très odorante, utilisée dans de nombreuses sauces.

La sarriette : son goût mordant un peu amer rappelle le thym.

Le laurier : aussi bon frais que sec dans les utilisations culinaires. Utile dans la plupart des fonds de base.

Les clous de girofle : on s'en sert pour piquer les oignons. Attention, mettez-en très peu, respectez les proportions indiquées dans les recettes. Son odeur dégage un parfum très puissant.

Le safran : condiment important mais cher, il donne aux mets une note caractéristique et une belle couleur jaune.

Le paprika : il en existe deux sortes : le doux et le surchoix.

Les câpres : vous en trouverez à différents prix et tailles. Nous vous recommandons les plus petites, sauf s'il s'agit de les hacher. Ce condiment est le bouton à fleur du câprier confit dans le vinaigre disponible dans toutes les grandes surfaces.

Le poivre : lorsqu'il est moulu, son arôme se volatilise rapidement et c'est pourquoi il est toujours préférable d'acheter des grains entiers et de les moudre au dernier moment. Utilisez du poivre blanc dans les sauces blanches et du poivre noir dans les sauces brunes.

Le pavot : ce sont les graines du pavot somnifère, une espèce de coquelicot, à grandes fleurs blanches, roses, ou lilas pâle.

Le curry : il s'agit d'une poudre d'un mélange composé de 10 à 15 épices différentes dont les principales sont : poivre, coriandre, cumin.

La cannelle : la vraie nous vient de Ceylan, sous forme de bâtonnets ou de poudre. Elle fait également partie des épices contenues dans le curry ; mais ce qui est moins connu, c'est qu'elle peut aussi assaisonner des sauces.

Les baies de genièvre : elles ont une saveur et une odeur très résineuses, légèrement sucrées et aromatiques. N'en mettez pas plus qu'indiqué dans les recettes.

Le poivre vert : préférez celui présenté en saumure.

La menthe : très puissant aromatique, les feuilles réchauffent d'abord, puis rafraîchissent.

Le cerfeuil : condiment très fin, on l'ajoute pour saupoudrer les plats en dernier, mais vous en aurez aussi l'utilité dans certaines sauces.

La ciboulette : préférez-la à l'état frais. On en trouve toute l'année. Tronçonnez-la au dernier moment.

L'aneth : elle accompagne surtout les poissons et leurs sauces.

Vous pourrez vous offrir un brin de soleil estival en cultivant quelques herbes sur le rebord de votre fenêtre ou sur votre balcon. Elles se cultivent en pot sans connaissance botanique.

N'utilisez pas plus d'épices qu'il n'en faut. Leur rôle est d'atténuer, de renforcer et de compléter une sauce.

Pour 7 dl.
Prép. : 5 mn.
Cuisson : 10 mn.

Sauce demi-glace

1 l de sauce espagnole (p. 137)
2 cuil. à soupe de glace de viande (p. 23).

Ajouter la glace dans la sauce et laisser réduire le tout jusqu'à la consistance souhaitée.

Certains ajoutent un trait de madère.

Pour 4,5 dl.
Prép. : 20 mn.
Cuisson : 35 mn.

Sauce Diane

2,5 dl de sauce poivrade (p. 140)
2 dl de crème fouettée
Sel, poivre.

Préparer la sauce poivrade et lui incorporer la crème fouettée en fin de cuisson. Vérifier l'assaisonnement et servir.

Pour des côtelettes, des noisettes ou un filet de gibier.

Traditionnellement, on ajoute des petits croissants de truffes et de blancs d'œufs durs.

Pour 6 dl.
Prép. : 40 mn.
Cuisson : 55 mn.

Sauce duxelles

200 g de champignons cuits et hachés
1 petit oignon haché
30 g de beurre
200 g de concassée de tomates (p. 24)
3 dl de fond de veau (p. 20)
1 pincée de persil haché
1 pincée d'estragon
Sel, poivre.

Faire revenir l'oignon au beurre. Ajouter la purée de champignons, mélanger, ajouter la concassée de tomates et le fond de veau. Cuire jusqu'à la bonne consistance, assaisonner. Ajouter les herbes.

La qualité de la sauce dépendra du choix des champignons (utiliser de préférence des champignons parfumés).

La sauce accompagne toutes sortes de viande.

On peut remplacer le fond par de la sauce tomate (p. 151).

Pour 4 dl.
Prép. : 15 mn.
Cuisson : 20 mn.

Sauce échalote

300 g d'échalotes émincées finement
50 g de beurre
1/3 l de fond brun de veau lié (p. 21)
Sel, poivre.

Dorer légèrement les échalotes au beurre. Ajouter le fond brun, cuire 20 minutes. Vérifier l'assaisonnement.

Pour la célèbre bavette à l'échalote.

Pour 1 l.
Prép. : 20 mn.
Cuisson : 3 h + 5 h.

Sauce espagnole

2 l de fond brun (p. 20)
150 g de roux brun (p. 25)
2 dl de bon vin blanc
600 g de tomates fraîches
80 g de lardons de poitrine de porc fumée
1 carotte coupée en petits dés
1 oignon en dés
1 brindille de thym
1 feuille de laurier.

Porter le fond brun à ébullition et le lier avec le roux.

Faire revenir les lardons, l'oignon et la carotte dans une casserole (la graisse des lardons suffit). Dégraisser, ajouter le vin et laisser réduire de moitié. Ajouter 1 l de fond brun et les aromates. Cuire 1 heure très doucement. Passer le fond dans une autre casserole. Ajouter le litre de fond restant et cuire encore 1 heure très doucement. Passer au chinois et mettre au frais.

Le lendemain dégraisser et remettre à cuire 1 heure avec les tomates coupées en quartiers. Passer au chinois.

La tomate a pour but de clarifier ce fond.

La sauce espagnole tire son nom de sa couleur.

Faire revenir la garniture. Ajouter le vin, laisser réduire puis verser le fond et les aromates.

Le lendemain, remettre à cuire la sauce dégraissée. Ajouter les tomates.

Passer au chinois après 1 heure de cuisson.

Pour 2 dl.
Prép. : 5 mn.
Cuisson : 10 mn.

Sauce financière

2,5 dl de sauce madère (p. 142)
3 cl d'essence de truffe.

Faire réduire d'1/4 la sauce madère. Ajouter 3 cl d'essence de truffe.

Pour 4 dl.
Prép. : 15 mn.
Cuisson : 10 mn.
Repos : 20 mn.

Sauce fines herbes

1 dl de bon vin blanc
2 pincées de persil
2 pincées d'estragon
2 pincées de cerfeuil
2 pincées de ciboulette
3 dl de sauce demi-glace (p. 136)
ou de jus de veau lié (p. 22)
1 filet de jus de citron
Sel, poivre.

Porter le vin à ébullition. Ajouter la moitié des herbes, retirer du feu, couvrir la casserole et laisser infuser 20 minutes. Passer au chinois. Ajouter la demi-glace ou le jus, cuire 3 minutes à ébullition lente, ajouter les herbes restantes et le filet de jus de citron. Vérifier l'assaisonnement.

Pour des pièces de bœuf poêlées, grillées, sautées, rôties.

Pour 3 dl.
Prép. : 10 mn.
Cuisson : 15 mn.

Sauce gastrique

70 g de sucre
3 cl d'eau
Le jus de 2 citrons
2,5 dl de fond brun lié (p. 21)
50 g de beurre
Sel, poivre.

Faire un caramel blond avec l'eau et le sucre. Le décuire avec le jus de citron, ajouter le fond brun et laisser un peu épaissir. Assaisonner et monter la sauce au beurre.

Pour les volailles à chair brune et les gibiers. Pour le gibier, préparer le fond brun avec des os de gibier.

Pour 1/2 l.
Prép. : 15 mn.
Cuisson : 20 mn.

Sauce Godard

1 oignon
1 carotte
30 g de beurre
2 dl de bon vin blanc sec
1 dl de madère
5 dl de sauce espagnole (p. 137)
20 baies de genièvre écrasées
30 g d'amandes grillées hachées
1 cuil. à soupe de raisins secs gonflés à l'eau
Sel, poivre.

Faire revenir l'oignon et la carotte émincés au beurre. Ajouter le vin et le madère. Cuire 4 minutes.

Ajouter la sauce espagnole et les baies de genièvre. Réduire la sauce à la bonne consistance, passer au chinois, ajouter les amandes et les raisins et rectifier l'assaisonnement.

Un des grands classiques de notre cuisine. Pour les pièces de venaison.

Pour 3 dl.
Prép. : 5 mn.
Cuisson : 35 mn.

Sauce grand-veneur

1/4 l de sauce poivrade (p. 140)
1 cuil. à soupe de gelée de groseille
5 cl de crème fraîche
Sel, poivre.

Chauffer la sauce poivrade, ajouter la gelée de groseille et la crème, rectifier éventuellement l'assaisonnement.

Pour les gibiers, principalement la selle de chevreuil, les cuissots, le marcassin, le lièvre.

Pour 1/2 l.	✕ ○
Prép. : 20 mn.	
Cuisson : 20 mn.	

Sauce piquante

3 dl de vin blanc sec
3 dl de vinaigre
6 dl de sauce espagnole (p. 137)
1 cuil. à soupe de cerfeuil, persil, ciboulette hachés
30 g de cornichons
Sel, poivre de Cayenne.

Faire réduire des 2/3 le vinaigre et le vin. Ajouter la sauce espagnole, laisser réduire, ajouter les herbes et les cornichons hachés. Bien assaisonner.

Pour accompagner une langue de bœuf ou de veau, pour servir avec du bœuf ou du porc bouilli ou rôti.

Pour 3 dl.	✕✕✕ ○
Prép. : 15 mn.	
Cuisson : 35 mn.	

Sauce poivrade

1 carotte
1 oignon
80 g de beurre
5 dl de vinaigre
4 dl de marinade du gibier
1 l de sauce espagnole (p. 137)
Sel, poivre.

Faire revenir l'oignon et la carotte émincés au beurre. Ajouter le vinaigre et 2 dl de marinade. Faire réduire des 2/3. Ajouter la sauce espagnole et laisser cuire 1/2 heure à petit feu. Rajouter 2 dl de marinade puis réduire à 1/3 de litre. Passer au chinois. Mettre à point avec le beurre et vérifier l'assaisonnement.

Si possible, préparer la sauce espagnole avec des os de gibier.

Pour accompagner une viande marinée de gibier. Si l'on dispose de quelques parures de gibier, on les ajoutera dans la sauce lors de la cuisson pour renforcer le goût.

Pour 1/2 l.
Prép. : 40 mn.
Cuisson : 20 mn.

Sauce portugaise

1/2 oignon haché
20 g de beurre
350 g de concassée de tomates (p. 24)
1 gousse d'ail
2 dl de sauce tomate (p. 151)
2 cuil. à soupe de glace de viande (p. 23)
1 pincée de persil haché
Sel, poivre.

Faire revenir l'oignon dans le beurre. Ajouter la concassée de tomates, l'ail écrasé, couvrir et cuire 10 minutes. Ajouter ensuite la sauce tomate, la glace de viande et le persil haché. Vérifier l'assaisonnement.

Pour accompagner des pâtes.

Pour 2,5 dl.
Prép. : 30 mn.
Cuisson : 5 mn.

Sauce réglisse

1/4 l de sauce bordelaise (p. 128)
30 g de réglisse en poudre
Sel, poivre.

Mélanger la réglisse à la sauce bordelaise, vérifier l'assaisonnement.

Il faut aimer la réglisse ou renoncer à cette sauce qui convient pour une entrecôte ou tout autre pièce de bœuf grillée ou poêlée.

Pour 6 dl.
Prép. : 15 mn.
Cuisson : 15 mn.

Sauce lyonnaise

250 g d'oignons hachés
40 g de beurre
1,5 dl de bon vin blanc
1,5 dl de vinaigre
4 dl de sauce demi-glace (p. 136)
Sel, poivre.

Etuver les oignons au beurre jusqu'à complète cuisson ; mouiller avec le vin et le vinaigre. Réduire des 2/3. Ajouter ensuite la demi-glace et laisser cuire 5 minutes. Passer au chinois, vérifier l'assaisonnement.

Pour accompagner un saucisson chaud, une viande fumée cuite servie chaude.

Pour 2,5 dl.
Prép. : 5 mn.
Cuisson : 5 mn.

Sauce madère

2,5 dl de sauce demi-glace (p. 136)
2,5 cl de madère
Sel, poivre.

Porter la sauce demi-glace à ébullition. Retirer du feu, ajouter le madère et vérifier l'assaisonnement.

Pour accompagner la traditionnelle langue de bœuf à la sauce madère.

Pour 3 dl.
Prép. : 3 mn.
Cuisson : 10 mn.

Sauce moutarde

2 dl de demi-glace (p. 136)
2 dl de crème
1 cuil. à soupe de moutarde
Sel, poivre.

Cuire la demi-glace et la crème mélangées jusqu'à la bonne consistance puis ajouter la moutarde. Rectifier l'assaisonnement.

En épicerie fine, il est possible de trouver une centaine de sortes de moutardes différentes. Laissez vagabonder votre imagination.

Cette sauce accompagne bien une grillade ou un rôti de porc. La sauce se réalise aussi au dernier moment en déglaçant la poêle de cuisson avec la crème et la demi-glace.

Pour 2,5 dl. Prép. : 10 mn. Cuisson : 5 mn.	

Sauce Périgueux

1/4 l de sauce demi-glace (p. 136)
5 cl d'essence de truffe
1 petite truffe
Sel, poivre.

Ajouter l'essence de truffe ainsi que la truffe hachée à la sauce demi-glace. Vérifier l'assaisonnement et servir.

Il est possible d'acheter de très petites boîtes de brisures de truffes pour réduire le coût de revient de cette recette.

Pour accompagner de petites entrées chaudes.

Pour 3 dl. Prép. : 10 mn. Cuisson : 5 mn.	

Sauce périgourdine

1/4 l de sauce périgeux (p. 143)
40 g de purée de foie gras
1 petite truffe
Sel, poivre.

Retirer la sauce périgeux du feu et ajouter le foie gras en purée. Bien mélanger et passer au chinois. Ajouter la truffe hachée, vérifier l'assaisonnement et utiliser aussitôt.

Une célèbre sauce française, une merveille à condition de ne pas faire bouillir la sauce avec le foie gras, elle tournerait.

Pour accompagner un tournedos ou un filet de bœuf Wellington.

Pour 4 dl.
Prép. : 10 mn.
Cuisson : 20 mn.

Sauce Robert

1 oignon haché
20 g de beurre
2 dl de bon vin blanc
3 dl de sauce demi-glace (p. 136)
1 cuil. à soupe de moutarde
Sel, poivre.

Faire revenir l'oignon avec le beurre. Ajouter le vin et faire réduire des 2/3. Ajouter la sauce demi-glace et cuire 10 minutes à petit feu. Passer ou non au chinois. Hors du feu, ajouter la moutarde et vérifier l'assaisonnement.

Pour 6 dl.
Prép. : 5 mn.

Sauce charcutière

5 dl de sauce robert (p. 144)
100 g de cornichons au vinaigre.

Emincer les cornichons en julienne. Les ajouter à la sauce qui doit être bien relevée.

Cette sauce fait partie des classiques et accompagne délicieusement une grillade de porc.

Pour 3,5 dl.
Prép. : 15 mn.
Cuisson : 15 mn.

Sauce solférino

5 tomates
1 dl de glace de viande (p. 23)
100 g de beurre maître d'hôtel (p. 35)
100 g de beurre d'échalotes (p. 30)
Sel, poivre du moulin.

Centrifuger les tomates coupées en quartiers, récupérer le jus et le réduire à 5 cl. Ajouter la glace de viande. Monter la sauce avec les beurres et assaisonner éventuellement.

Pour accompagner une viande grillée.

Pour 4 dl.
Prép. : 30 mn.
Cuisson : 35 mn.

Sauce volaille-crustacés

2,5 dl de fond brun de volaille (p. 20)
2,5 dl de crème
2,5 dl de coulis de crustacés (p . 15)
50 g de beurre
Sel, poivre.

Mélanger le fond brun de volaille avec la crème et le coulis. Réduire de moitié puis monter la sauce au beurre. Vérifier l'assaisonnement.

Pour accompagner une volaille aux crustacés : le fameux poulet aux écrevisses par exemple. Il sera également possible d'améliorer la sauce en déglaçant la plaque du poulet rôti avec un peu de vin blanc et une mirepoix, de passer le jus et de l'incorporer à la sauce.

Pour 4 dl.
Prép. : 40 mn.
Cuisson : 45 mn.

Sauce zingara

7 cl de bon vin blanc
40 g de champignons de Paris cuits
7 cl de jus de cuisson des champignons
2 dl de sauce demi-glace (p. 136)
1 dl de sauce tomate (p. 151)
5 cl de fond blanc (p. 20)
20 g de jambon blanc
20 g de langue de bœuf écarlate
1 petite truffe
Sel, poivre.

Réduire des 2/3 le vin et le jus de champignons. Ajouter la demi-glace, la sauce tomate et le fond blanc. Cuire quelques minutes, ajouter les champignons, le jambon, la langue et la truffe taillés en julienne. Vérifier l'assaisonnement.

L'une des grandes sauces traditionnelle française pour accompagner la viande de veau (escalope, mignon, piccatas) ou la volaille.

LES SAUCES AUX LÉGUMES

Pour 3,5 dl.
Prép. : 10 mn.
Cuisson : 15 mn.

Coulis de brocoli

150 g de brocolis cuits
1/4 l de bouillon
Sel, poivre.

Mixer les brocolis avec le bouillon. Passer au chinois. Assaisonner.

Pour tout accompagnement.

Pour 5 dl.
Prép. : 10 mn.
Cuisson : 5 mn après cuisson des lentilles.

Coulis de lentille

450 g de lentilles cuites
1/4 l de jus de bouillon
Sel, poivre.

Mixer les lentilles cuites en ajoutant le jus de cuisson. Passer au chinois. Vérifier l'assaisonnement.

Les meilleures lentilles sont les lentilles vertes du Puy.

Ce coulis se sert avec une viande blanche de veau ou du poulet. Après avoir fait cuire une escalope de veau et dégraissé la poêle, on pourra la déglacer avec ce coulis pour que les sucs de la viande parfument la sauce.

On peut réaliser un coulis qui ne soit pas diététique : remplacer le jus de cuisson par de la crème et mettre le coulis à point avec un petit morceau de beurre frais.

4 pers.
Prép. : 10 mn.
Cuisson : 20 mn.

Coulis de petits pois

200 g de petits pois cuits
12 cl de jus de cuisson
10 g de sucre
Sel, poivre.

Mixer les petits pois en ajoutant le jus de cuisson. Passer au chinois. Assaisonner avec sel, poivre et une pincée de sucre.

Réalisé de cette façon, le coulis garde une belle couleur verte. On peut mettre de la crème à la place du jus de cuisson des petits pois.

Pour accompagner une viande ou un poisson mais aussi un légume ou un feuilleté.

Pour 3 dl.
Prép. : 25 mn.
Cuisson : 15 mn.

Coulis de poivron

250 g de poivron vert
1/2 poivron rouge
20 g de beurre
1 dl de crème
Sel, poivre.

Retirer la peau des poivrons.

Tailler le poivron vert en gros dés et le cuire à grande eau salée. Mixer, ajouter la crème. Passer au chinois. Incorporer le poivron rouge taillé en très petits dés et étuvé au beurre. Assaisonner.

Cette sauce peut servir à accompagner des légumes, un poisson ou une viande.

Pour 8 dl.
Prép. : 15 mn.
Cuisson : 40 mn.

Coulis de tomate

600 g de tomates
5 cl d'huile d'olive
3 échalotes hachées
2 gousses d'ail
Thym, laurier
1 branche de persil
1 branche de céleri
20 g de concentré de tomate
Sel, poivre, sucre.

Faire revenir les échalotes à l'huile. Ajouter les tomates mondées, épépinées et hachées, 1/3 l d'eau et le reste des ingrédients. Couvrir et cuire 30 minutes à petit feu. Retirer le thym, le laurier, le persil, le céleri et mixer la sauce. Vérifier l'assaisonnement.

Ce coulis sert de base à la préparation de nombreuses recettes de sauces chaudes ou froides. On peut ajouter du beurre battu, du beurre blanc, du basilic, de l'estragon, de l'ail, du cerfeuil, de l'huile d'olive, une réduction de vin rouge, de la crème, etc. A vous de jouer !

Pour 1/4 l.
Prép. : 10 mn.

Sauce grelette

4 tomates
100 g de fromage blanc
4 échalotes
Le jus d'1 citron
Sel, poivre.

Peler et épépiner les tomates. Les mixer avec le reste des ingrédients.

Pour 2 l.
Prép. : 25 mn.
Cuisson : 35 mn.

Ketchup

1,5 kg de concassée de tomates (p. 24)
40 g de beurre
250 g d'oignons émincés
150 g de sucre
4 dl de vinaigre d'alcool
1 cuil. à soupe de moutarde
1 cuil. à soupe de maïzena
Thym, girofle, muscade
Sel, poivre de Cayenne, gingembre, origan.

Délayer la maïzena avec un peu de vinaigre.

Cuire les oignons au beurre quelques minutes puis ajouter la concassée de tomates, 1/2 l d'eau, les aromates, le sucre, le vinaigre. Cuire 25 à 30 minutes. Mixer l'ensemble, passer au chinois et porter à ébullition. Lier avec la maïzena, ajouter la moutarde et retirer du feu. Rectifier l'assaisonnement.

Réserver au frais.

Pour nos chers petits si friands de ketchup et de pommes frites. Ces proportions donnent 2 l de ketchup. Cette sauce se garde plusieurs jours au frais. Vous pourrez aussi en congeler ou en stériliser une partie.

Pour 4 dl.
Prép. : 15 mn.
Cuisson : 20 mn.

Sauce champignons

150 g de champignons de Paris cuits
1/3 l de jus de cuisson des champignons
20 g de roux (p. 25)
Sel, poivre.

Faire réduire le jus de cuisson des champignons lié avec le roux jusqu'à la bonne consistance. Ajouter les champignons émincés. Hors du feu, on peut ajouter une cuillerée à soupe de crème allégée. (Ne plus faire bouillir, la crème risque de tourner).

Pour des escalopes de veau ou de volaille.

Pour 7 dl.
Prép. : 15 mn.
Cuisson : 15 mn.

Sauce fenouil

200 g de fenouil
500 g de concassée de tomates (p. 24)
2 gousses d'ail hachées
1 cuil. à soupe de persil haché
Sauce Worcestershire.

Emincer finement le fenouil et le faire dorer au beurre (10 minutes) à petit feu. Ajouter la concassée de tomates, l'ail, le persil et la sauce Worcestershire. Cuire quelques minutes. Vérifier l'assaisonnement.

Cette sauce est idéale pour accompagner un barbecue ou des cuisses de grenouille.

Pour 4 dl.
Prép. : 20 mn.
Cuisson : 3 mn.

Sauce italienne

1/4 l de sauce tomate (p. 151)
100 g de champignons de Paris cuits et hachés
1 tranche de jambon taillée en petits dés
1 cuil. à soupe de fines herbes hachées (persil, cerfeuil, estragon)
Sel, poivre.

Mélanger l'ensemble, donner un bouillon.
Pour des pâtes.

Pour 4,5 dl.
Prép. : 10 mn.

Sauce au pistou froide

2 tomates pelées et épépinées
2 gousses d'ail
40 g de parmesan râpé
2 pommes de terre cuites en robe de chambre épluchées
7 cl d'huile d'olive
1 cuil. à soupe de concentré de tomate
Quelques feuilles de basilic
1,5 dl de bouillon de bœuf ou de fond blanc (p. 20)
1 pincée de sucre
Tabasco
Sel, poivre.

Mixer tous les ingrédients. Vérifier l'assaisonnement et utiliser.
Pour accompagner des terrines froides de légumes, des salades de légumes, des salades de pâtes.

Pour 3,5 dl.
Prép. : 30 mn.
Cuisson : 45 mn.

Sauce provençale

350 g de concassée de tomates (p. 24)
3 gousses d'ail
2 branches de persil
Sel, poivre, sucre.

Chauffer la concassée de tomates avec une pointe de sucre, ajouter l'ail et le persil hachés, assaisonner.

On pourra aussi ajouter dans cette sauce quelques champignons de Paris cuits et émincés.

Pour 4,5 dl.
Prép. : 15 mn.
Cuisson : 5 mn.

Sauce crustacés

350 g de concassée de tomates (p. 24)
3 gousses d'ail
1 cuil. à soupe de persil
100 g de foie ou d'intestin de gros crustacés
Sel, poivre, sucre.

Chauffer la concassée de tomates avec une pointe de sucre, l'ail et le persil hachés. Ajouter les intérieurs de crustacés écrasés. Assaisonner.

On utilisera l'intérieur des langoustes, araignées, homards ou tourteaux.

Cette sauce accompagnera très bien de l'agneau, des légumes à la provençale ou du poisson (anchois, sardines, thon).

Pour 1 l.
Prép. : 20 mn.
Cuisson : 1 h.

Sauce tomate

250 g de concentré de tomate
100 g de poitrine de porc fumée taillée en lardons
2 carottes (petites)
2 oignons
4 gousses d'ail écrasées
1 bouquet garni
Sel, poivre, sucre
50 g de farine
3 cl d'huile.

Faire revenir à l'huile, les oignons et les carottes émincés, le lard. Saupoudrer avec la farine, mélanger et cuire 1 minute. Ajouter 1,5 l d'eau et tous les autres ingrédients. Cuire à petit feu 30 minutes.

Passer au chinois. Remettre à cuire pour réduire d'1/3. Rectifier l'assaisonnement.

LES SAUCES DESSERT

Pour 3 dl ou 7 dl.
Prép. : 10 mn.
Cuisson : 5 mn.

Coulis de fruits

250 g de fruits frais
80 g de sucre glace
ou
250 g de fruits frais
1/4 l d'eau
250 g de sucre.

Il existe deux procédés :
- mixer 250 g de framboises avec 80 g de sucre glace.
Passer au chinois.

- porter l'eau et le sucre mélangés à ébullition.
Baisser le feu et laisser cuire 5 minutes. Verser le sirop sur les fruits. Mixer. Passer au chinois.

La première méthode consiste à mixer les fruits et le sucre glace

et passer le tout au chinois.

L'autre méthode nécessite la préparation d'un sirop

que l'on verse sur les fruits avant de les mixer. Passer le tout au chinois.

Pour 7 dl.
Prép. : 5 mn.
Cuisson : 10 mn.

Coulis d'abricot

500 g d'abricots frais
300 g d'eau
150 g de sucre.

Porter l'eau et le sucre à ébullition. Y pocher les abricots 10 minutes. Mixer le tout. Passer au chinois.

On peut préparer ce coulis avec des abricots en boîte. Dans ce cas, mixer les abricots égouttés et rectifier la consistance en ajoutant le sirop.

On peut procéder de même avec d'autres fruits.

Pour 1 dl.
Prép. : 5 mn.

Coulis d'églantine

4 cuil. à soupe de confiture d'églantines
3 cuil. à soupe de jus de pomme.

Mélanger les deux ingrédients.

A utiliser pour des desserts à base de fruits, en biscuit ou en pâte feuilletée.

Ce coulis est assez sucré, il en faut peu et c'est pourquoi nous vous recommandons de le servir avec une crème anglaise. Vous pourrez ainsi réaliser un beau décor, par exemple un gâteau chaud aux poires pourra être servi avec de la crème anglaise et du coulis d'églantine.

Pour 1/2 l.
Prép. : 20 mn.
Cuisson : 10 mn.

Coulis de pomme

150 g de pommes
120 g de sucre
2,5 dl d'eau
Le jus d'1 citron
1 gousse de vanille.

Faire cuire ensemble tous les ingrédients. En fin de cuisson, retirer la vanille, mixer l'ensemble et passer au chinois.

Utiliser une pomme canada ou reine des reinettes pour la confection de ce coulis.

Pour accompagner un dessert aux pommes ou des feuilletés.

Pour 4 dl.
Prép. : 15 mn.
Cuisson : 10 mn.

Coulis de rhubarbe

200 g de rhubarbe
60 g de sucre
2 dl d'eau
1 pincée de gingembre.

Cuire la rhubarbe avec le sucre et l'eau, 10 minutes environ. A mi-cuisson, ajouter le gingembre.

Mixer l'ensemble et le passer au chinois.

Il excelle dans l'accompagnement d'une tarte à la rhubarbe.

Nous vous suggérons pour la présentation de dresser sur assiette les parts de tarte et de les entourer de coulis de rhubarbe et de coulis de fruits rouges. Disposer quelques feuilles de menthe sur le coulis rouge et quelques fruits rouges sur le coulis de rhubarbe.

Pour 3,5 dl.
Prép. : 10 mn.
Cuisson : 5 mn.

Coulis de chocolat

1/4 l de crème fraîche liquide
125 g de chocolat amer.

Porter la moitié de la crème à ébullition. Ajouter le chocolat haché hors du feu. Lorsqu'il est entièrement fondu, ajouter le restant de crème fraîche. Bien mélanger.

Pour accompagner des préparations à base de chocolat, café, marron, pistache.

Pour 1/2 l.
Prép. : 10 mn.
Cuisson : 10 mn.

Crème anglaise

1/2 l de lait entier
80 g de sucre
1 gousse de vanille
4 jaunes d'œufs.

Blanchir les jaunes d'œufs et le sucre.

Porter le lait à ébullition avec la gousse de vanille coupée en deux dans la longueur pour en extraire le maximum d'arômes. Ajouter un peu de lait dans les jaunes d'œufs fouettés, mélanger et verser le tout dans le lait bouillant. Remettre sur feu doux et faire épaissir la crème en remuant jusqu'à ce que la sauce nappe la spatule. En fin de cuisson, retirer du feu, passer la sauce au chinois immédiatement dans un saladier. Remuer de temps à autre. Réserver au frais ou bien utiliser tiède.

La crème ne doit pas bouillir. Les jaunes se décomposeraient. En cas de surcuisson, on peut rattraper la crème en la fouettant vivement et en la passant au chinois.

On peut augmenter la quantité de sucre de cette recette en fonction du goût de chacun. On peut aller jusqu'à 125 g.

La meilleure vanille est la vanille Bourbon.

On peut parfumer cette crème avec un alcool de son choix (Grand Marnier, Kirsch, Cointreau, etc...) la crème portera le nom de l'alcool.

On réalise cette sauce avec du sirop de fruit à la place du lait, selon le même principe. Ne jetez plus le jus de poire, faites-en une crème anglaise pour accompagner un gâteau aux poires par exemple. On peut y ajouter quelques pistils de safran. Utilisez de préférence des sirops de fruits clairs : abricots, poires.

Pour obtenir une crème anglaise diététique, utiliser du lait écrémé et du fructose à la place du sucre (30 g de fructose pour un demi-litre de lait).

Blanchir les jaunes et le sucre.

Verser 1/3 du lait bouillant. Bien mélanger.

Reverser le tout dans la casserole et cuire à feu doux en remuant jusqu'à ce que la sauce nappe la spatule.

Passer la sauce au chinois dans un récipient froid.

Pour 1/2 l.
Prép. : 15 mn.
Cuisson : 10 mn.

Sauce bergamote

1/2 l de lait
80 g de bergamote
1 gousse de vanille
4 jaunes d'œufs.

Réduire les bergamotes en poudre. Les utiliser à la place du sucre et réaliser la crème anglaise comme indiquée page précédente.

On peut également confectionner une sauce à la bergamote en faisant infuser au préalable du thé à la bergamote dans le lait.

VARIANTES

1/2 litre de crème anglaise et quelques gouttes d'extrait de café permettront d'obtenir une sauce arabica ; 120 g de praliné donneront une sauce pralin ; une cuillerée à café de cannelle en poudrer une sauce cannelle ; une cuillerée à soupe de pâte pistache une sauce pistache et deux cuillerées à soupe de crème de marrons une sauce marron.

Pour 1 l.
Prép. : 5 mn.

Crème mousseline

1/2 l de crème anglaise (p. 156)
1/2 l de crème fraîche liquide.

Battre la crème fraîche. L'incorporer à la crème anglaise bien refroidie.

Pour 7 dl.
Prép. : 10 mn.
Cuisson : 5 mn.

Sauce chocolat

1/2 l de crème anglaise (p. 156)
150 g de chocolat noir.

Faire fondre le chocolat en morceaux au bain-marie. L'ajouter à la crème anglaise chaude.

Bien mélanger. Laisser refroidir.

Pour 5 dl.
Prép. : 10 mn.
Cuisson : 10 mn.

Sabayon dessert

1 dl de vin blanc
1 dl d'alcool ou de jus de fruit
4 jaunes d'œufs
120 g de sucre semoule
1 pointe de vanille en poudre.

Travailler les jaunes avec le sucre et la vanille au bain-marie jusqu'à ce que le mélange blanchisse et mousse. Fouetter l'ensemble en incorporant progressivement le vin blanc et l'alcool ou le jus de fruit, jusqu'à obtenir une consistance mousseuse épaisse. Retirer du feu.

Le sabayon se fait avec le liquide de votre choix : vin blanc sec ou doux, champagne, crémant, jus de fruits, madère, marsala etc... toutes les fantaisies vous sont permises.

La température idéale du bain-marie est de 60 °C. Utiliser un saladier ou un récipient en inox de taille appropriée.

Voir les conseils de réussite et les causes d'échecs page 69.

Travailler les jaunes d'œufs, la vanille et le sucre au bain-marie jusqu'à ce que le mélange blanchisse.

Placer le récipient au bain-marie. Incorporer l'alcool en fouettant.

Le mélange doit être léger et mousseux.

Pour 6 dl.
Prép. : 20 mn.
Cuisson : 15 mn.

Sabayon bergamote

1 dl d'eau
2 sachets de thé à la bergamote
4 jaunes d'œufs
1/4 l de crème fouettée
100 g de sucre.

Porter l'eau à ébullition. Y faire infuser le thé 5 minutes à couvert hors du feu. Passer au chinois, ajouter les jaunes, le sucre et fouetter l'ensemble au bain-marie jusqu'à obtenir une consistance mousseuse et légèrement ferme. Continuer de battre quelques minutes hors du feu. Laisser refroidir puis ajouter la crème fouettée.

Ce sabayon peut accompagner des coupes de glace, des crêpes, des bavarois, des biscuits à base de fruits, un pudding.

Pour 4 dl.
Prép. : 10 mn.
Cuisson : 15 mn.

Sabayon mandarine

1 dl de jus de mandarine
60 g de sucre
4 jaunes d'œufs
1 dl de crème.

Mélanger le jus, le sucre, les jaunes.

Battre sur le feu au bain-marie jusqu'à obtenir une consistance mousseuse et un peu ferme. Battre quelques minutes hors du feu. Ajouter la crème fouettée, mélanger et utiliser.

Pour glacer des gratins de fruits, orange ou mandarine.

Disposer dans le fond d'un plat à gratin un fond de biscuit, recouvrir des fruits choisis, napper de sabayon, mettre à glacer sous le gril du four ou à la salamandre.

Pour 3 dl.
Prép. : 5 mn.
Cuisson : 10 mn.

Sabayon au miel

4 jaunes d'œufs
1 dl de lait
120 g de miel.

Mélanger les ingrédients et battre sans arrêt au fouet au bain-marie jusqu'à obtenir une consistance mousseuse.

Préparer un gratin de fruits avec ce sabayon. Les diposer dans un plat allant au four ou sous la salamandre. Napper les fruits de ce sabayon et mettre à gratiner. Retirer dès que la coloration est atteinte. Servir aussitôt.

Pour 2 dl.
Prép. : 10 mn.
Cuisson : 5 mn.

Sauce agrumes

2 dl de jus (orange, citron ou pamplemousse)
1 cuil. à café de fécule délayée avec un peu de jus de fruit.

Porter le jus à ébullition. Lier avec la fécule. Laisser refroidir.

On pourra ajouter quelques zestes blanchis des fruits utilisés.

A servir en accompagnement de sorbets, gâteaux aux fruits, flans, charlottes, gâteau au chocolat, tarte au citron.

Pour 3,5 dl.
Prép. : 10 mn.
Cuisson : 10 mn.

Sauce citron

12 cl de jus de citron
12 cl de crème fraîche
60 g de sucre
3 jaunes d'œufs.

Mettre la crème et le jus de citron à bouillir.

Blanchir les jaunes avec le sucre et verser la préparation dans le "lait-citron", cuire comme pour une crème anglaise jusqu'à la nappe.

Retirer du feu, verser dans un saladier, vanner de temps en temps.

Pour une charlotte à la banane, des crêpes fourrées, des blinis à l'orange, une charlotte aux fruits. Excellent aussi avec du sorbet à l'orange.

Pour 1/2 l environ.
Prép. : 15 mn.
Cuisson : 15mn.

Sauce banane

200 g de pulpe de banane
Le jus d'1 citron
2,5 dl de crème
300 g de sucre
1 dl d'eau
7 cl de rhum
1 dl de lait.

Mixer les bananes avec le jus de citron et le rhum.

Cuire le sucre et l'eau pour obtenir un caramel.

Porter la crème à ébullition, ajouter la pulpe de banane et décuire le caramel avec cette préparation. Donner un bouillon, détendre avec le lait pour amener à la bonne consistance.

Pour accompagner vos desserts exotiques.

Pour 1/2 l.
Prép. : 15 mn.
Cuisson : 10 mn.

Sauce antillaise

1/2 l de lait de coco en boîte
5 jaunes d'œufs
60 g de sucre
1 gousse de vanille
1,5 dl de crème liquide.

Porter le lait de coco à ébullition avec la vanille coupée en deux dans la longueur.

Fouetter les jaunes et le sucre. L'ajouter dans le lait de coco bouillant. Cuire à très petit feu comme pour une crème anglaise. Retirer du feu. Ajouter la crème liquide lorsque la préparation de base est froide.

Pour accompagner des desserts feuilletés comme une galette des rois par exemple.

On peut aussi préparer soi-même le lait de coco. Faire bouillir 2/3 de litre de lait avec 240 g de noix de coco râpée. Laisser infuser 1/4 d'heure. Passer au chinois en pressant. On obtient 1/2 litre de lait de coco.

Pour 3 dl.
Prép. : 20 mn.

Sauce créole

100 g de pulpe de banane
100 g de pulpe d'ananas
Le jus d'1/2 citron
1 pincée de gingembre
1 pincée de cannelle
6 cl de sirop de canne
3 cl de rhum.

Mixer tous les ingrédients. Passer au chinois. Réserver au frais jusqu'au moment de l'utilisation.

Pour accompagner un dessert aux fruits chaud ou froid. Essayer de servir cette sauce avec des glaces et des fuits exotiques joliment dressés sur assiette.

Pour 3 dl.
Prép. : 10 mn.
Cuisson : 10 mn.

Sauce aux fruits et au caramel

125 g de sucre
125 g de pulpe de fruits ou de jus de fruits
7 cl d'eau chaude
1 cl d'alcool au choix selon le fruit (facultatif.

Caraméliser le sucre avec quelques gouttes d'eau. Décuire avec l'eau et la pulpe de fruits. Cuire quelques minutes. Ajouter éventuellement l'alcool.

On fera cette recette avec toutes sortes de fruits. La sauce peut être servie chaude ou froide.

Pour 2,5 dl.
Prép. : 5 mn.
Cuisson : 10 à 15 mn.

Sauce caramel

125 g de sucre
4 cl d'eau
1 dl de crème fraîche liquide.

Cuire le sucre avec l'eau jusqu'à obtention d'un caramel blond.

Décuire avec la crème. Porter à ébullition. Utiliser chaud ou froid.

Pour 1/2 l.
Prép. : 10 mn.
Cuisson : 8 à 10 mn.

Sauce au champagne

1/2 bouteille de champagne
4 jaunes d'œufs
80 g de sucre.

Mélanger les jaunes d'œufs avec 5 cl de champagne froid et le sucre. Porter le reste du champagne à ébullition. Verser le champagne bouillant sur le mélange précédent. Remettre sur le feu et cuire la sauce à petit feu en remuant avec une spatule comme une crème anglaise.

Débarrasser dans un saladier et vanner la crème de temps en temps jusqu'à complet refroidissement.

On peut remplacer le champagne par un vin blanc doux, Sauternes par exemple.

La quantité de sucre est approximative. Elle diffère en fonction du goût de chacun et de la teneur en sucre du vin choisi. On pourra choisir d'augmenter ou de diminuer légèrement les proportions.

Cette sauce accompagne des profiteroles ou un biscuit prestigieux. Elle peut aussi être utilisée pour napper une glace à la pistache surmontée d'une pêche blanche.

Pour 3 dl.
Prép. : 25 mn.
Cuisson : 3 mn.

Sauce menthe

1/4 l de jus d'orange
15 feuilles de menthe
50 g de sucre
1 cuil. à café de fécule.

Mélanger le jus d'orange, les feuilles de menthe et le sucre. Porter à ébullition. Lier avec la fécule délayée avec un peu de jus froid. Retirer du feu, mixer et réserver au frais jusqu'à l'utilisation.

Pour tous les desserts à base de chocolat, de café et d'orange.

Utiliser de préférence des oranges fraîchement pressées.

Pour 3,5 dl.
Prép. : 10 mn.
Cuisson : 10 mn.

Sauce chocolat

90 g de chocolat de ménage noir
25 g de cacao
50 g de sucre
2 dl d'eau.

Réunir tous les ingrédients dans une casserole. Faire fondre, puis cuire à la nappe. Réserver au frais.

Pour les desserts à base de chocolat : chocolat liégeois avec un biscuit au café, poires Belle-Hélène, profiteroles au chocolat.

Dans cette recette, on pourra, si on le désire, ajouter quelques gouttes de rhum pour parfumer.

Pour 3 dl.
Prép. : 10 mn.
Cuisson : 8 mn.

Sauce au chocolat blanc

200 g de chocolat blanc
8 cl de crème fraîche liquide
1 cl de crème de cacao.

Mettre tous les ingrédients dans un récipient et faire fondre doucement au bain-marie.

Pour accompagner un dessert à base de chocolat noir ou blanc.

Pour régaler les yeux de vos amis avec un contraste blanc et noir. Servir avec un biscuit au chocolat noir ou un biscuit aux marrons et chocolat.

Pour 3,5 dl.
Prép. : 2 mn.
Cuisson : 5 mn.

Sauce praliné

2,5 dl de crème liquide
100 g de pâte praliné.

Mélanger, porter à ébullition et retirer du feu.

Cette sauce se sert aussi bien chaude que froide. Elle accompagne des gâteaux tels que le Paris-Brest ou d'autres desserts à base de pâte à chou ou de biscuit au chocolat.

Pour 6 dl.
Prép. : 10 mn.
Cuisson : 5 mn.

Sauce au miel

250 g de pulpe de fruit
250 g de sirop à 30 °C
50 g de miel
Le jus d'1/2 citron.

Porter l'ensemble à ébullition et passer au chinois.

On peut également ajouter 1 cuillerée à soupe de fleurs de lavande.

Pour des desserts aux fruits, feuilletés ou en biscuit. Pour des desserts glacés aux fruits.

Si l'on utilise de la pulpe de banane, il faudra employer tout le jus du citron.

Pour 4 dl.
Prép. : 10 mn.
Cuisson : 5 mn.
Infusion : 3 h.

Sauce au vin

3,5 dl de vin rouge ou blanc
1 gousse de vanille
1 bâton de cannelle
1 feuille de laurier
1 clou de girofle
1 zeste d'orange
1 zeste de citron
150 g de sucre.

Porter le vin à ébullition avec les zestes, le laurier, le clou de girofle, la cannelle, la vanille. Laisser infuser 3 heures.

Préparer un caramel avec le sucre. Ajouter le précédent vin passé au chinois. Réduire à la bonne consistance.

Pour les desserts aux fruits pochés.

LEXIQUE

AROMATES : herbes, plantes ou racines qui donnent une odeur et un goût agréables aux fonds.

BAIN-MARIE : récipient contenant de l'eau chaude dans lequel est placé un second récipient plus petit et contenant la sauce destinée à être tenue au chaud.

BLANCHIR : plonger l'aliment dans l'eau bouillante et le retirer du feu dès la reprise de l'ébullition sauf indications contraires.

BOUQUET GARNI : ensemble d'herbes aromatiques liées ensemble destinées à parfumer.

BRUNOISE : très petits dés.

CONCASSER : hacher grossièrement.

DEGLACER : dissoudre avec un liquide (eau, vin, bouillon) les sucs caramélisés dans le fond du récipient de cuisson.

DEGRAISSER : retirer l'excédent de graisse.

DESSECHER : cuire une préparation pour en retirer l'excédent d'humidité.

DETENDRE : incorporer du liquide à une préparation trop compacte.

ETUVER : cuire doucement à couvert.

FREMIR : laisser un liquide à feu doux sans ébullition.

GLACER : colorer un mets à la salamandre.

JULIENNE : fins bâtonnets.

LIAISON : appareil qui sert à donner de la consistance à une sauce, roux, jaune d'œuf, crème, sang (p. 26).

MARINER : laisser tremper un mets dans un liquide aromatique pour l'attendrir et lui donner plus d'arômes.

MIJOTER : laisser cuire doucement.

MIREPOIX : mélange de légumes coupés fins (carottes, oignons, céleris) avec parfois du lard ou du jambon selon la recette.

MONDER OU EMONDER : enlever la peau des tomates après les avoir incisées et trempées quelques secondes dans de l'eau bouillante.

MONTER AU BEURRE : incorporer du beurre froid à une sauce (p. 64).

MOUILLER : ajouter un liquide à un mets en cours de préparation.

REDUIRE A LA NAPPE : faire réduire jusqu'à ce qu'une sauce nappe la spatule.

REVENIR : commencer une cuisson dans une matière grasse, à feu vif.

RISSOLER : rôtir à feu vif dans un corps gras (huile, beurre) pour colorer.

ROUX : préparation faite avec du beurre et de la farine en quantité égale pour lier une sauce (p. 26) .

SABAYON : crème mousseuse préparée avec des jaunes d'œufs et des aromates (p. 158).

SAISIR : exposer à un feu vif.

SAUTEUSE : casserole épaisse, plate de fond et de bords peu élevés.

SUER : cuire un aliment dans un récipient à couvert sans liquide.

VANNER : remuer une sauce ou une crème pendant son refroidissement pour empêcher la formation d'une peau.

ZESTER : retirer la partie colorée de l'écorce d'un agrume.

INDEX

T

U

V

Haldenstraße 11 - Lucerne - CH.

Dépôt légal 4e trim. 1992 - n° 2 009

ISBN 2-7372-2274-5
Imprimé en C.E.E.